ELEMENTARY
GREEK TRANSLATION BOOK

ELEMENTARY GREEK TRANSLATION

REV. A. E. HILLARD, D.D.
LATE HIGH MASTER OF ST. PAUL'S SCHOOL

AND

C. G. BOTTING, M.A.
LATE ASSISTANT MASTER AT ST. PAUL'S SCHOOL

DUCKWORTH

First published by Rivingtons

This impression 2001
Gerald Duckworth & Co. Ltd.
61 Frith Street, London W1D 3JL
Tel: 020 7434 4242
Fax: 020 7434 4420
Email: inquiries@duckworth-publishers.co.uk
www.ducknet.co.uk

ISBN 0 7156 1654 4

Printed in Great Britain by
Antony Rowe Ltd, Eastbourne

PREFACE

THE method employed in this volume is the same as was employed in the authors' *Elementary Latin Translation Book*. That was an attempt in Latin, and this is an attempt in Greek, to combine the advantages of two methods of teaching.

In the days when Classics formed the staple of education, and no time was considered too long for learning them, the pupil usually began with a long course of Grammar. This was not quite so dreary as it sounds; but everyone felt that, if we could speed up the process of getting a boy ready to read the books written in Latin and Greek, it would be an advantage. Unfortunately, Latin and Greek do not lend themselves to hasty acquirement. A modern language is sufficiently near our own in form for a man to take up a book written in it and make out the sense fairly with the help of a dictionary, gradually acquiring the Grammar of the language as he reads. But the flexional character of Latin and Greek made this almost impossible. A boy presented with ἐγένετο on the first page of his book may of course be told its meaning and may learn its meaning, but he does not know where to look for it—in other words he may acquire any amount of vocabulary, but the knowledge thus acquired is not systematised in his mind. This method of learning by puzzling out pieces of translation without any previously acquired background of Grammar produces at best a disorderly knowledge, and is not really applicable to the learning of Latin and Greek.

The present book claims to meet this difficulty, leading the pupil through an outline of essential grammatical forms, but enabling him to begin his translation from the very beginning. It presents him at each stage with pieces of translation *which demand no form in Declension or Conjugation which he has not already learnt.* Of necessity the first few exercises consist of sentences only, but almost immediately connected pieces are begun. Each is specially written for the place in which it stands, keeping the principle explained above. The difficulty of such a task is great, as all schoolmasters who have tried it are aware, but the authors hope that what they have written is sound Greek. The pieces for translation form a series on the chief events of Athenian history down to 400 B.C.

The Grammar to be learnt is indicated at the head of each piece. In the *Latin Translation Book* the authors gave references to the Revised Primer, but in the present book they have thought it best to append a Skeleton Greek Grammar of their own. This contains all the types of Declension and Conjugation needed at this stage. Those, however, who are using Abbott and Mansfield's or Rutherford's Greek Grammar, will find no difficulty in referring to these. The order in which the Grammar is introduced is exactly the same as in the authors' *Elementary Greek Exercises,* so that those who combine composition with translation can use the two books conveniently together.

CONTENTS

INTRODUCTORY EXERCISES

A—H

A

Grammar.

N.B.—(1) **Abstract Nouns and Proper Names in Greek are commonly preceded by the Article**: thus

> *courage, ἡ ἀρετή.*
> *Athene, ἡ ᾿Αθήνη.*

(2) **A Possessive Genitive of a Noun is placed between the Noun on which it depends and its Article**: thus

The wisdom of the goddess, ἡ τῆς θεᾶς σοφία.

1. τὴν ἀρετὴν θηρεύει.
2. τιμὴν ἔχει διὰ τὴν ἀρετήν.
3. θύει τῇ ᾿Αθήνῃ.
4. θύουσι τῇ θεᾷ.
5. τὴν ἀρετὴν καὶ σοφίαν θηρεύουσι.
6. τιμὴν ἔχει ἡ θεά.
7. ἡ θεὰ θηρεύει τὴν σοφίαν.
8. ἡ θεὰ τιμὴν ἔχει διὰ τὴν σοφίαν.
9. τιμὴν ἔχει ἐν τῇ γῇ.
10. τιμὴν ἔχουσι διὰ τὴν θεάν.

B

1. βασιλεύει ἐν ταῖς ᾿Αθήναις.

2. θύουσι τῇ ᾿Αθήνῃ.

3. τιμὴν ἔχουσι διὰ τὴν εὐσέβειαν.

4. τὴν ἀρετὴν καὶ εὐσέβειαν θηρεύουσιν.*

5. τιμὴν ἔχει διὰ τὴν δόξαν.

6. βασιλεύεις ἐν τῇ γῇ.

7. θύομεν τῇ θεᾷ.

8. τιμὴν ἔχεις διὰ τὴν ἀρετήν.

9. θηρεύομεν τὴν εὐσέβειαν.

10. τὴν σοφίαν καὶ ἀρετὴν θηρεύομεν.

* Notice the double form λύουσι or λύουσιν in the 3rd Plural. Greek prefers to avoid ending a word with a short vowel if the following word begins with a vowel. Often the short vowel can be elided, as in ποτ᾿ ἐν for ποτὲ ἐν. But frequently such an elision would obscure an essential termination and in certain forms Greek appended the letter ν. This was always done when a vowel followed—

(1) -σι as the termination of a Dative Plural, e.g. βασιλεῦσιν ἀγαθοῖς.

(2) -σι as the termination of a 3rd Person Verb form, e.g. λύουσιν ἵππον.

(3) -ε as the termination of a 3rd Person Singular, e.g. ἔλυεν ἵππον.

(4) The words ἐστι(ν) is and εἴκοσι(ν) twenty.
The form with ν is also regularly used for these words if they are followed by a stop.

C

Grammar.

Future Indicative of λύω : p. 128.

1. βασιλεύσεις ἐν τῇ γῇ.

2. θύσομεν μάλιστα τῇ θεᾷ.

3. ἡ θεὰ φυτεύσει τὴν ἐλάαν.

4. διὰ τὴν ἀρετὴν ἰσχύσομεν.

5. πανταχοῦ τιμὴν ἔχομεν.

6. τὴν σοφίαν καὶ ἀρετὴν θηρεύσεις.

7. πανταχοῦ τιμὴν ἔχεις διὰ τὴν τῆς ἀρετῆς δόξαν.

8. τιμὴν ἔχεις μάλιστα διὰ τὴν εὐσέβειαν.

9. φυτεύσομεν ἐλάας ἐν τῇ γῇ.

10. πανταχοῦ διὰ τὴν θεὰν ἰσχύσομεν.

D

1. ὁ Κέκροψ βασιλεύει ἐν ταῖς Ἀθήναις.

2. θύομεν μάλιστα τῇ Ἀθήνῃ.

3. ἰσχύομεν διὰ τὴν θάλατταν.

4. ἡ Ἀθήνη δέσποινά ἐστι τῶν τεχνῶν.

5. ἡ θεὰ τιμὴν ἔχει διὰ τὰς τέχνας.

6. ἡ Ἀθήνη φυτεύσει ἐλάαν ἐν ταῖς Ἀθήναις.

7. ἐλάας πανταχοῦ φυτεύσομεν ἐν τῇ γῇ.

8. διὰ τὰς τέχνας ἰσχύσομεν.

9. ὁ Κέκροψ ἰσχύσει διὰ τὴν ἀρετήν.

10. ὁ Κέκροψ θύσει μάλιστα τῇ τῶν τεχνῶν δεσποίνῃ.

E

Grammar.

Masculine Nouns of 1st Declension : p. 100.
Imperfect Indicative of λύω : p. 128.

1. ἐβασίλευόν ποτ'[1] ἐν ταῖς 'Αθήναις.

2. οἱ πολῖται ἔθυον τῇ 'Αθήνῃ.

3. ὁ Ποσειδῶν δεσπότης ἦν τῆς θαλάττης.

4. ἡ 'Αθήνη δέσποινα ἦν τῶν τεχνῶν.

5. ὁ Ποσειδῶν ἰσχύει διὰ τὴν θάλατταν.

6. ἡ 'Αθήνη ἰσχύει διὰ τὰς τέχνας.

7. τιμὴ ἦν τοῖς πολίταις διὰ τὴν θεάν.

8. ἐφυτεύομεν ἐλάας ἐν τῇ γῇ.

9. τιμὴ ἦν πανταχοῦ τῇ θεᾷ.

10. οἱ πολῖται ἰσχύσουσι διὰ τὴν εὐσέβειαν.

[1] A short final vowel is frequently elided in Greek. See note p. 3.

F

1. ὁ Κέκροψ ἐβασίλευεν ἐν τῇ γῇ.

2. ἐπαίδευε τοὺς πολίτας ἐν τῇ σοφίᾳ.

3. οἱ πολῖται ἐθήρευον τὴν ἀρετήν.

4. τιμὴ ἦν τοῖς πολίταις διὰ τὴν τῆς ἀρετῆς δόξαν.

5. οἱ πολῖται ἐλάας ἐφύτευον ἐν τῇ γῇ.

6. ἄμιλλα ἦν περὶ τῆς γῆς.

7. κριτὴς ἦν τῆς ἁμίλλης ὁ Κέκροψ.

8. ὅ τε Ποσειδῶν καὶ ἡ Ἀθήνη ἰσχύουσιν

9. ὁ Κέκροψ νέμει τὴν νίκην τῇ θεᾷ.

10. ἡ θεὰ τιμὴν ἔχει διὰ τὴν νίκην.

G

Grammar.

Aorist Indicative of λύω : p. 130.

1. ἐβασίλευέ ποθ᾽ [1] ὁ Κέκροψ ἐν ταῖς Ἀθήναις.

2. τοὺς πολίτας ἐν τῇ ἀρετῇ ἐπαίδευσεν.

3. ἄμιλλα ἦν πρὸς τὸν τῆς θαλάττης δεσπότην.

4. ὁ Κέκροψ κριτὴς ἦν ἐν τῇ ἀμίλλῃ.

5. ἡ θεὰ ἐφύτευσε τὴν ἐλάαν.

6. διὰ τὴν σοφίαν τὴν νίκην νέμει τῇ θεᾷ.

7. ἡ θεὰ ἐπαίδευσε τοὺς πολίτας ἐν τῇ δίκῃ.

8. διὰ τήν τε σοφίαν καὶ τὴν ἀρετὴν ἰσχύουσιν.

9. διὰ τὴν τῆς θεᾶς νίκην πανταχοῦ ἰσχύσουσιν.

10. πανταχοῦ ἐν τῇ γῇ ἐλάας φυτεύσουσιν.

---

[1] When a final vowel is elided, if the vowel following has the rough breathing, a preceding mute consonant is changed to the corresponding aspirate, e.g. τ becomes θ, π becomes φ, etc.

H

1. ἐβασίλευές ποτ' ἐν ταῖς Ἀθήναις.

2. ἐπαίδευσας τοὺς πολίτας ἐν τῇ δίκῃ.

3. τῇ Ἀθήνῃ ἔθυσας.

4. ὁ μὲν Ποσειδῶν δεσπότης ἦν τῆς θαλάττης, ἡ δὲ θεὰ τῶν τεχνῶν δέσποινα.

5. τιμὴν ἔχεις πανταχοῦ διὰ τὴν ἀρετήν.

6. ἄμιλλα ἦν πρὸς τὴν Ἀθήνην.

7. τὴν νίκην νέμεις τῇ τῆς γῆς θεᾷ.

8. διὰ τὴν τῆς θεᾶς νίκην ἰσχύομεν.

9. ἐθύσαμεν τῇ τῆς γῆς θεᾷ.

10. ὁ μὲν Ποσειδῶν διὰ τὴν θάλατταν, ἡ δ' Ἀθήνη διὰ τὴν σοφίαν ἰσχύει.

11. ἡ θεὰ ἐπαίδευσε τοὺς πολίτας ἐν τῇ τε σοφίᾳ καὶ τῇ ἀρετῇ.

GREEK TRANSLATION

1—55

Pages 12—70

1

THE FOUNDATION OF ATHENS

Τῶν Ἀθηνῶν οἰκιστὴς ἦν ὁ Κέκροψ. ἐπεὶ δὲ τὴν ἀρετὴν καὶ σοφίαν ἐθήρευεν, τοὺς πολίτας ἐν τῇ δίκῃ καὶ εὐσεβείᾳ ἐπαίδευσεν. τῇ δ᾽ Ἀθήνῃ μάλιστα οἱ πολῖται ἔθυον. ὁ μὲν γὰρ Ποσειδῶν δεσπότης ἦν
5 τῆς θαλάττης, ἡ δ᾽ Ἀθήνη τῶν τε τεχνῶν καὶ τῆς σοφίας δέσποινα. ἄμιλλα δ᾽ ἦν τῇ Ἀθήνῃ[1] πρὸς τὸν τῆς θαλάττης δεσπότην περὶ τῆς γῆς, καὶ τῆς ἀμίλλης κριτὴς ἦν ὁ Κέκροψ διὰ τὴν τῆς ἀρετῆς δόξαν. ἐπεὶ δ᾽ ἡ Ἀθήνη τὴν ἐλάαν ἐν τῇ γῇ ἐφύτευ-
10 σεν, ὁ Κέκροψ τῇ θεᾷ νέμει τὴν νίκην· ἐντεῦθεν οὖν ἡ μὲν Ἀθήνη τιμὴν ἔχει ἐν τοῖς πολίταις διὰ τὴν σοφίαν, οἱ δὲ πολῖται διὰ τὴν ἀρετὴν καὶ εὐσέβειαν πανταχοῦ ἰσχύουσιν.

---

[1] *Literally* : 'There was a contest for Athene,' *i.e.* 'Athene had a contest.'

2

N.B.—A Vocative Case in Greek is usually preceded
by the Interjection ὦ.

A DIALOGUE BETWEEN A SOLDIER
AND A STUDENT

Στρατιώτης. Διὰ τί, ὦ νεανία, τῇ Ἀθήνῃ οὐ θύεις ;
οἱ γὰρ πολῖται πανταχοῦ θύουσι τῇ θεᾷ διὰ τὴν
νίκην.

Μαθητής. Ἀλλ' οὐ διὰ τὴν θεὰν ἐν μάχῃ ἰσχύουσιν
οἱ πολῖται, ἀλλὰ διὰ τὴν τῶν στρατιωτῶν 5
ἀνδρείαν· ἰσχύουσι δὲ κατὰ θάλατταν διὰ τὴν
τῶν ναυτῶν ἀνδρείαν, οὐ διὰ τὸν τῆς θαλάττης
δεσπότην. θύουσι δ' ὅτι τιμὴν οὕτως ἔχουσι
διὰ τὴν τῆς εὐσεβείας δόξαν. τῇ μὲν οὖν
Ἀθήνῃ οὐ θύω, τῆς δὲ σοφίας μαθητής εἰμι. 10

Σ. Διὰ δὲ τί τὴν σοφίαν θηρεύεις ; ὅτι διὰ τὴν τῆς
σοφίας δόξαν τιμὴν ἔχεις ἐν τοῖς πολίταις ;

Μ. Οὐ δῆτα, ἀλλ' ὅτι οὕτω καὶ τὴν ἀρετὴν θηρεύω.

Σ. Θύουσι δ' οἱ πολῖται, ὦ τῆς σοφίας μαθητά, οὐχ
ὅτι τιμὴν ἔχουσι διὰ τὴν δόξαν, ἀλλ' ὅτι τὴν 15
ἀρετὴν οὕτω μάλιστα θηρεύουσιν.

3

Grammar.

Masculine Nouns of 2nd Declension : p. 101.
Perfect Indicative of λύω : p. 130.

N.B.—**The instrument or means by which a thing is done
is expressed in Greek by the Dative.**

We train young men by war.
παιδεύομεν τοὺς νεανίας τῷ πολέμῳ.

THESEUS DELIVERS ATHENS
FROM PAYING TRIBUTE TO MINOS

Ἐβασίλευέ ποθ᾽ ὁ Μίνως ἐν τῇ Κρήτῃ, πολέμιος
δ᾽ ἦν τοῖς Ἀθηναίοις ὅτι τὸν υἱὸν ἐφόνευσαν.
ἀθλητὴς γὰρ ἦν καὶ ἐν ἀθλητῶν ἀμίλλῃ ξένος τῶν
πολιτῶν περιῆν. ὁ μὲν οὖν Μίνως ναύτας τε καὶ
5 στρατιώτας πέμπει πρὸς τὰς Ἀθήνας καὶ ἐν μάχῃ
περιῆν. οἱ δ᾽ Ἀθηναῖοι ἐντεῦθεν φόρον ἔφερον·
ἑπτὰ γὰρ νεανίας καὶ ἑπτὰ κόρας κατ᾽ ἐνιαυτὸν
ἔπεμπον πρὸς τὴν Κρήτην. ὁ δὲ Θησεύς, ὅτε ἐν
ταῖς Ἀθήναις ἐβασίλευεν, τοὺς νεανίας καὶ τὰς
10 κόρας ἔλυσεν. ἐντεῦθεν οὖν τιμὴν πανταχοῦ ἔχει
ἐν τοῖς Ἀθηναίοις διὰ τὴν ἀνδρείαν καὶ τὴν σοφίαν·
τῆς γὰρ τῶν Ἀθηναίων πολιτείας οἰκιστὴς ἦν ὁ
Θησεύς, πρότερον δὲ δώδεκα κώμας ἔνεμεν.

4

A phrase which qualifies or describes a Noun is usually put between the Noun and its Article, *like a Genitive depending on it.*

Courage in war, ἡ ἐν πολέμῳ ἀρετή.

A GENERAL ADDRESSES HIS MEN
AFTER A VICTORY

Πανταχοῦ μέν, ὦ στρατιῶται, τιμὴν ἔχετ᾽ ἐν τοῖς
ἀνθρώποις διὰ τὴν ἀνδρείαν, μάλιστα δ᾽ ἐν τῇ τῶν
Ἀθηναίων χώρᾳ. τῇ γὰρ ἀρετῇ τῶν τε πολεμίων
κεκωλύκατε τὴν νίκην καὶ τοὺς πολίτας ἐκ κινδύνου
λελύκατε. ἀξίως δ᾽ οἱ πολῖται ἐν τιμῇ ἔχουσι τοὺς 5
στρατιώτας καὶ τοὺς ναύτας, ἐπεὶ διὰ τὴν ἐν πολέμῳ
νίκην πανταχοῦ ἰσχύουσιν, καὶ οἱ ξένοι κατ᾽ ἐνιαυτὸν
φόρον φέρουσι τοῖς Ἀθηναίοις. τήμερον οὖν τοῖς
θεοῖς θύουσιν, μάλιστα δὲ τῇ Ἀθήνῃ· οὐ γὰρ τῇ
νίκῃ μόνον ἰσχύομεν καὶ τῇ ἐν πολέμῳ δόξῃ ἀλλὰ 10
καὶ τῇ ἀρετῇ, ἅμα δὲ διὰ τὰς τέχνας καὶ τὴν τῶν
νεανιῶν σοφίαν. καὶ οὐ μόνον τὴν ἐν ἀνθρώποις
τιμὴν θηρεύομεν, ἀλλὰ καὶ τὴν πρὸς τοὺς θεοὺς
εὐσέβειαν.

5

Grammar.

Neuter Nouns of 2nd Declension: p. 101.

N.B.—**Neuter Plural subjects take a Singular Verb in Greek.**

The arms are in the camp.

τὰ ὅπλα ἐστίν ἐν τῷ στρατοπέδῳ.

THE LAST KING OF ATHENS

Ὅθ'[1] ὁ Κόδρος ἐβασίλευεν ἐν ταῖς Ἀθήναις,
πόλεμος ἦν τοῖς πολίταις πρὸς τοὺς Πελοποννησίους,
ἐπεὶ εἰς τὴν χώραν ἐστράτευσαν. οὕτω δ' ἔλεγε τὰ
τῶν θεῶν μαντεῖα,[2] Τοῖς Ἀθηναίοις τὴν νίκην νέμει
5 ὁ θεός, εἰ οἱ πολέμιοι τὸν Κόδρον φονεύσουσιν. εὐθὺς
δὲ λέγει ὁ Κόδρος, Τὴν τῶν πολεμίων νίκην κωλύσω
καὶ τοὺς πολίτας λύσω ἐκ κινδύνου. βαδίζει οὖν
εἰς τὸ τῶν Πελοποννησίων στρατόπεδον· ἐπεὶ δὲ
στρατιώτου ὅπλα ἔφερεν, οὐδεὶς ἐγίγνωσκεν. μάχη
10 δ' ἦν ἐν τῷ στρατοπέδῳ, καὶ οἱ στρατιῶται τὸν
Κόδρον ἐφόνευσαν · ἐπεὶ δ' οὕτω τοὺς πολίτας ἐκ
κινδύνου ἔλυσεν, οὐδεὶς μετὰ τὸν Κόδρον ἐβασίλευ-
σεν ἐν τῇ γῇ · Οὐδεὶς γάρ, ἔλεγον, μετὰ τὸν Κόδρον
ἀξίως βασιλεύσει.

[1] For ὅτε: see p. 8, note. The final vowel of ὅτι is never
elided.

[2] In place of inverted commas it is the general practice in printing
Greek to use a capital letter for the initial of the first word in a
quotation.

6

Grammar.

Pluperfect Indicative of λύω: p. 130.

A GREAT LAWGIVER

Ἐν τοῖς Λακεδαιμονίοις μάλιστ' ἐν τιμῇ ἦν ὁ Λυκοῦργος ὅτι τοῖς νόμοις ἐπεπαιδεύκει τοὺς πολίτας. καὶ τὴν μὲν πρὸς θεοὺς εὐσέβειαν ἐθήρευε, τὴν δὲ τῶν ἀνθρώπων σοφίαν ἐθεράπευεν, τοῖς τε γὰρ μαντείοις ἀεὶ ἐπίστευε καὶ τὰ¹ τῆς ἐν Κρήτῃ 5 πολιτείας ἐμάνθανεν. ἅμα δὲ τὴν γῆν τοῖς πολίταις μετὰ δίκης ἔνεμε καὶ τοὺς στρατιώτας πρὸς πόλεμον ἐπαίδευσεν. ἐντεῦθεν οὖν πανταχοῦ κατὰ γῆν ἴσχυον² οἱ Λακεδαιμόνιοι, τέλος δὲ καὶ κατὰ θάλατταν. ἐν δὲ τοῖς διδασκαλείοις τὰ παιδία πρὸς 10 τὴν ἀρετὴν καὶ τὴν ἀνδρείαν ἐπαίδευσαν, πολλάκις δὲ καὶ οἱ ξένοι τοὺς υἱοὺς εἰς τὴν Σπάρτην ἔπεμπον. οἱ δὲ Λακεδαιμόνιοι τούς τε νόμους ἀεὶ ἐφύλαττον καὶ κατ' ἐνιαυτὸν τῷ Λυκούργῳ ὥσπερ θεῷ ἔθυον.

¹ The Neuter Article is used with the genitive of a noun meaning 'the things of,' 'the affairs of': thus τὰ τῆς πολιτείας may be translated, 'all about the constitution.'

² Imperfect of ἰσχύω. The Augment in Verbs beginning with a vowel consists in the lengthening of that vowel. See p. 138.

7

Grammar.

Feminine Nouns of 2nd Declension : p. 101

Adjectives of 1st and 2nd Declensions : p. 106.

N.B.—**Attributive Adjectives are placed between the Article and the Noun.**

The wise man, ὁ σοφὸς ἄνθρωπος.

GREEK COLONISATION

Ἐπεὶ δ' οὐδεὶς μετὰ τὸν Κόδρον ἐβασίλευσεν ἐν
ταῖς Ἀθήναις, οἱ εὐπατρίδαι τὴν ἀρχὴν εἶχον [1] τῆς
χώρας. ἐστασίαζον δ' οἱ πολῖται ὅτι χαλεπῶς ἔφερον
τὴν τῶν εὐπατριδῶν ἀρχήν. καὶ οὐ μόνον ἐν ταῖς
5 Ἀθήναις ἀλλὰ καὶ πανταχοῦ ἡ τῶν πλουσίων ἀδικία
χαλεπὴ ἦν τοῖς ἄλλοις πολίταις, ὥστ' οὐκ ὀλίγοι
ἀποικίας ἐν ἄλλῃ γῇ ἔκτιζον, οἱ μὲν ἐν τῇ ἠπείρῳ,
οἱ δ' ἐν ταῖς νήσοις. πολλάκις δὲ διὰ τὰ μαντεῖα
ἔκτιζον τὰς ἀποικίας, ἐπεὶ ὁ θεὸς οὕτως ἐκέλευεν.
10 ὁ δ' οἰκιστὴς γῆν ἑκάστῳ ἔνεμεν, ὅπου ἀμπέλους τε
καὶ ἐλάας ἐφύτευον. ἀεὶ δ' οἱ τῆς ἀποικίας πολῖται
τὸν οἰκιστὴν ἐν τιμῇ εἶχον καὶ ὥσπερ θεῷ κατ'
ἐνιαυτὸν ἔθυον.

[1] Certain verbs with the initial letter ε are augmented by
changing ε to ει : thus the imperfect of ἔχω is εἶχον.

8

Grammar.

Present and Imperfect Indicative of εἰμί: p. 180.

WAR BETWEEN THE SPARTANS
AND MESSENIANS (683 B.C.)

Πόλεμος ἦν ποτε τοῖς Λακεδαιμονίοις πρὸς τοὺς
Μεσσηνίους· ἐν δὲ τῷ μαντείῳ οὕτως ἔλεγεν ὁ θεός·
Τοῖς Λακεδαιμονίοις νέμουσι τὴν νίκην οἱ θεοί, εἰ
στρατηγὸς ἐκ τῶν Ἀθηναίων ἡγεμονεύσει. ἦν δ' ἐν
ταῖς Ἀθήναις Τυρταῖός τις, ἄνθρωπος φαῦλός τε καὶ 5
χωλός· ἐπεὶ δὲ παιδία ἐν διδασκαλείῳ ἐπαίδευε καὶ
ὅπλων τε καὶ πολέμου ἄπειρος ἦν, οἱ Ἀθηναῖοι πρὸς
τὴν Σπάρτην πέμπουσι τὸν Τυρταῖον. Οὕτω γάρ,
ἔλεγον, τὴν τῶν Λακεδαιμονίων νίκην κωλύσομεν,
εἰ διδάσκαλος ἡγεμονεύσει τῶν στρατιωτῶν. ἀλλ' 10
οὐ μόνον διδάσκαλος ἦν ὁ Τυρταῖος ἀλλὰ καὶ
ποιητής, ἐπεὶ δ' ἐστασίαζον τότε οἱ Λακεδαιμόνιοι
καὶ ἐν ἀθυμίᾳ ἦσαν περὶ τοῦ πολέμου, διὰ τῶν ᾠδῶν
τάς τε τῶν πολιτῶν ἁμίλλας ἔπαυσε καὶ τοὺς
στρατιώτας ἔλυσε τῆς ἀθυμίας, ὥστε τῶν πολεμίων 15
πανταχοῦ περιῆσαν.

9

Grammar.

Future Indicative of εἰμί : p. 180.

THE GREEK TYRANTS

Ἐπεὶ μὲν οὖν πανταχοῦ τὴν τῶν ὀλίγων ἀρχὴν
χαλεπῶς ἔφερον οἱ ἄλλοι πολῖται καὶ ἐν ἀθυμίᾳ
ἦσαν, οἱ μὲν ἀποικίας ἄλλοθι ἔκτιζον, οἱ δ' οἴκοι
ἔμενον καὶ ἐστασίαζον πρὸς τοὺς ὀλίγους · τοῦ δὲ
5 δήμου πολλάκις προστάτης τις ἡγεμόνευεν · εἰ δὲ
τὴν τῶν ὀλίγων ἀρχὴν ἔπανον, αὐτοὶ ἐτυράννευον ·
οὕτω γὰρ ἔλεγον, Εἰ τῷ προστάτῃ τὴν ἀρχὴν
πιστεύσετε, παύσετε τὴν τῶν ὀλίγων ἀδικίαν καὶ
ἐλεύθεροι ἔσεσθε. τῶν δὲ τυράννων οἱ μὲν κακοὶ
10 ἦσαν καὶ χαλεποὶ τοῖς πολίταις, οἱ δὲ τήν τε σοφίαν
καὶ τὰς τέχνας ἐθεράπευον καὶ τὰ ἄλλα μετὰ δίκης
ἔνεμον. αὐτοὶ μὲν οὖν ἐν τιμῇ ἦσαν, οἱ δ' υἱοὶ οὐ
πολλάκις ἄξιοι ἦσαν τῆς ἀρχῆς.

10

Grammar.

3rd Declension—Guttural Stems : p. 102.

Indicative Active of Guttural Verbs : p. 158.

PERIANDER OF CORINTH (625 B.C.)

Ἄλλοθι μὲν οὖν οἱ τοῦ δήμου προστάται τῆς
ἀρχῆς ἔπαυσαν τοὺς ὀλίγους καὶ ἐν τῇ Κορίνθῳ ὁ
Κύψελος τῶν τε Βαττιαδῶν περιῆν καὶ αὐτὸς
ἐτυράννευσεν. καὶ τοῖς μὲν ὀλίγοις χαλεπὸς ἦν·
ἄλλους μὲν γὰρ ἐφόνευεν, ἄλλους δ' ἐκ τῆς γῆς ἤλαυ- 5
νεν· τῷ δὲ δήμῳ φίλος ἦν, ὅτι οὐκέτι διὰ τὴν τῶν
ὀλίγων ἀδικίαν ἐστασίαζον οἱ πολῖται. Περιάνδρου
δέ, ὃς υἱὸς ἦν τοῦ Κυψέλου, χαλεπῶς ἔφερον τὴν
ἀρχήν. ἐπεὶ γὰρ πρῶτον ἐτυράννευσε, κήρυκα
πέμπει πρὸς ἄλλον τύραννον. Πῶς ἄριστα, ἔφη ὁ 10
κῆρυξ, τὰ τῆς Κορίνθου πράξει ὁ Περίανδρος; ὁ δὲ
τύραννος εἰς ἀγρὸν ἄγει τὸν κήρυκα, ὅπου σῖτος ἦν,
καὶ τῶν καλαμῶν ὅσαι ὕψισται ἦσαν τῇ ῥάβδῳ
τέμνει τὰς κάλυκας· ἐντεῦθεν οὖν ὁ Περίανδρος, εἴ
τις τῶν ἄλλων πολιτῶν περιῆν, ἐφόνευεν, ὥστε 15
πανταχοῦ μὲν ἴσχυεν, πανταχοῦ δ' ἐχθρὸς ἦν.

11

Grammar.

3rd Declension—Labial Stems : p. 103.

Indicative Active of Labial Verbs : p. 158.

N.B.—The Present Infinitive Active of Verbs in -ω is
formed by changing -ω to -ειν, *e.g.*

λύω, *I loose.*   λύειν, *to loose.*

THE CONSPIRACY OF CYLON (ABOUT 632 B.C.)

Ἦν ποτε Κύλων τις τῶν εὐπατριδῶν, ἄνθρωπος
πλούσιός τε καὶ ἔνδοξος, ἅμα δ᾽ Ὀλυμπιονίκης. ἐπεὶ
δ᾽ οἱ ὀλίγοι πανταχοῦ ἐχθροὶ ἦσαν διὰ τὴν ἀδικίαν
καὶ οὐκέτι ἴσχυον ἔδοξεν αὐτῷ τήν τε ἀρχὴν αὐτῶν
5 παύειν καὶ τῆς γῆς τυραννεύειν. ἅμα δὲ τὸ τῶν θεῶν
μαντεῖον οὕτως ἔλεγεν, Ἐν τῇ τῶν θεῶν ἑορτῇ τῇ
μάλιστα ἐνδόξῳ τῶν Ἀθηναίων τυραννεύσεις. ἔδοξεν
οὖν αὐτῷ τὴν πεῖραν κινδυνεύειν ἐν ᾧ οἱ πολῖται τὰ
Ὀλύμπια ἄγουσιν. μάλιστα γὰρ προσήκειν ἐνόμι-
10 ζεν, ἐπεὶ Ὀλυμπιονίκης ἦν. οὐ μέντοι τὰ Ὀλύμπια,
ἄλλην δ᾽ ἑορτὴν ἐσήμαινεν ὁ θεός. οἱ μὲν οὖν ἐν
ἀρχῇ στρατιώτας τ᾽ ἔπεμψαν καὶ τὰς ὁδοὺς ἔφραξαν,
ὥστε λιμῷ ἀποθνῄσκειν ἔμελλον οἱ συνωμόται. καὶ
ὁ μὲν Κύλων ἐκφεύγει, οἱ δ᾽ ἄλλοι ἱκέται τῆς Ἀθήνης
15 καθίζουσιν ἐπὶ τὸν βωμόν. ὁ δὲ Μεγακλῆς, τῶν
Ἀλκμαιωνιδῶν τις, ὃς τῶν στρατιωτῶν ἡγεμόνευεν,
πρῶτον μὲν σωτηρίαν αὐτοῖς ἐκήρυξεν, ἔπειτ᾽ ἐφόνευ-
σεν. ἐντεῦθεν οὖν οἱ Ἀλκμαιωνίδαι ἐχθροὶ ἦσαν
τοῖς θεοῖς καὶ πανταχοῦ ἐπάρατοι, ὥσθ᾽ ὕστερον οἱ
20 Ἀθηναῖοι ἤλαυνον αὐτοὺς ἐκ τῆς γῆς.

12

Grammar.

3rd Declension—Dental Stems : p. 103.

Indicative Active of Dental Verbs : p. 158.

THE LAWS OF DRACO (ABOUT 621 B.C.)

Ἦσαν δ' ἐν ἀθυμίᾳ οἱ Ἀθηναῖοι οὐ μόνον διὰ τὴν
πενίαν ἀλλὰ καὶ ὅτι νόμοι οὐκ ἦσαν πανταχοῦ
γνώριμοι. Καθ' ἡδονὴν γάρ, ἔλεγον, τὰς δίκας δι-
κάζουσιν οἱ ἄρχοντες, ἀεὶ δ' ἄδηλόν ἐστι τί μέλλει
ἐκ τῆς δίκης ἀποβαίνειν· γράφειν δεῖ τοὺς νόμους 5
καὶ πανταχοῦ κηρύττειν. νόμους οὖν ἔγραψε Δράκων
καθ' οὓς ὕστερον οἱ ἄρχοντες ἐδίκαζον τὰς δίκας.
ζημίας δ' ἔταξε χαλεπάς, καὶ δὴ καὶ ἔστιν οἳ λέγου-
σιν ὅτι ἑκάστῃ ἁμαρτίᾳ θανάτου ζημίαν ἔταξεν,
ὥστε ὕστερον τῶν Ἀθηναίων τις Ἐν αἵματι, ἔλεξεν, 10
τοὺς νόμους ὁ Δράκων ἔγραψεν. αὐτὸς δ' ὁ Δράκων,
ἐπεὶ ἔψεγέ τίς ποτε τοὺς νόμους, οὕτως ἔλεξεν·
Ἑκάστη μὲν ἁμαρτία, εἰ καὶ μικρά ἐστιν, ἀξία ἐστὶ
θανάτου. ταῖς δ' ἄλλαις ἁμαρτίαις ἄλλην ζημίαν
τάττειν οὐκ εἶχον. 15

Grammar.

3rd Declension—Stems in λ, ρ, ν : p. 103.

Neuter Stems in s : p. 104.

Numerals (Cardinal and Ordinal), 1-12 : p. 122.

Rules for expressing Time.

(1) **Duration of time is expressed by the Accusative.**

He was in the island for a long time.

ἦν ἐν τῇ νήσῳ συχνὸν χρόνον.

(2) **Definite 'time when' is expressed by the Dative.**

He drew up the laws in the third year.

τρίτῳ ἔτει ἔγραψε τοὺς νόμους.

(3) **Indefinite 'time when' and 'time within which' are expressed by the Genitive.**

By night.	νυκτός.
In (within) three years.	τριῶν ἐτῶν.

13

THE LAWS OF SOLON (594 B.C.)

Τὸν μὲν οὖν Δράκοντα συχνὸν χρόνον οἱ Ἀθηναῖοι ἐν τιμῇ εἶχον, ἔτι δὲ μᾶλλον τὸν Σόλωνα, ὃς τήν τε πατρίδα ἐν πολέμῳ ἔσωσε καὶ νόμους ἀγαθοὺς ἔγραψεν. ἦν γὰρ ῥήτωρ θ' ἅμα καὶ ποιητὴς ἔνδοξος, ἐπεὶ δ' οἱ Ἀθηναῖοι ἐν ἀθυμίᾳ ἦσαν ὅτι πανταχοῦ 5 περιῆσαν αὐτῶν οἱ πολέμιοι, ἔπεισε τοὺς πολίτας μὴ ὑπείκειν, ὥστ' ὀλίγων ἐτῶν ἐκ τῆς νήσου, περὶ ἧς ὁ ἀγὼν ἦν, ἤλαυνον αὐτούς. ἐπεὶ δὲ στασιάζειν ἔμελλον οἱ πολῖται διὰ τὴν πενίαν, οἱ ὀλίγοι τὴν ἀρχὴν ἐπίστευσαν τῷ Σόλωνι, ὃς τῶν μὲν εὐπατριδῶν 10 αὐτὸς ἦν τῷ δὲ δήμῳ φίλος διὰ τὴν ἀρετήν. καὶ πρῶτον μὲν τῇ τῶν χρεῶν ἀποκοπῇ τὰ τῶν ὀφειλετῶν κακὰ ἔπαυσεν, ἔπειτ' εἰς τέτταρα γένη ἔταξε τοὺς πολίτας· ἄλλους δὲ νόμους ἔγραψε δι' ὧν ὁ δῆμος οὔτε τοῖς ὀλίγοις οὔτε τυράννῳ δουλεύειν ἔμελλεν. 15

14

Grammar.

Middle of λύω—Present, Future, Imperfect, and Aorist
Indicative : pp. 124, 126, 132, 136.

THE RULE OF PEISISTRATUS (560-527 B.C.)

Καὶ ὀλίγον μὲν χρόνον εὖ πράττειν ἐφαίνοντο οἱ
Ἀθηναῖοι, ὕστερον δὲ τοῖς τοῦ Σόλωνος νόμοις οὐκ
ἐπείθοντο, ἀλλ᾽ αὖθις ἐν ἑαυτοῖς ἐστασίαζον. ἔπειτ᾽
οἰκεῖός τις τοῦ Σόλωνος, Πεισίστρατος ὀνόματι, ὃς
5 τῶν μὲν εὐπατριδῶν αὐτὸς ἦν τοῦ δὲ δήμου προστάτης,
τοὺς πολίτας ἔπεισεν ἀρχήν θ᾽ ἑαυτῷ πιστεύειν καὶ
φύλακας νέμειν, ὥστε τέλος τῆς γῆς ἐτυράννευσεν.
καὶ δὶς μὲν οἱ ὀλίγοι ἐκ τῶν Ἀθηνῶν ἤλαυνον αὐτόν,
δὶς δὲ τῶν πολεμίων περιῆν, ὥστε τότε μὲν ἐτυράν-
10 νευεν τότε δ᾽ ἔφευγεν. οὐ μέντοι χαλεπῶς ἔνεμε τὴν
ἀρχὴν ἀλλὰ τούς τε τοῦ Σόλωνος νόμους ἐφύλαττε
καὶ τήν τε σοφίαν καὶ τὴν εὐσέβειαν ἐθήρευεν· τοὺς
γὰρ ποιητὰς ἐθεράπευεν, ἅμα δ᾽ ἑορτὰς καὶ ἱερὰ
ἔκτιζεν. καὶ φόρον μὲν ὀλίγον ἔταξε τοῖς πολίταις,
15 οὐ μέντοι ὑπὲρ ἑαυτοῦ ἀλλὰ τοῦ κοινοῦ ἕνεκα. καὶ
τυράννοις τε συχνοῖς σύμμαχος ἦν καὶ τὴν τῶν
Λακεδαιμονίων φιλίαν ἐθήρευεν.

15

Grammar.

Masculine Stems in ς: p. 104.

Adjectives with Stems in ν and ς: p. 108.

THE EXPULSION OF HIPPIAS (511 B.C.)

Μετὰ δὲ τὸν Πεισίστρατον Ἱππίας ὁ υἱὸς αὐτοῦ ἐτυράννευσεν· καὶ πρῶτον μὲν εὖ ἔνεμε τὴν ἀρχήν, ὕστερον δ᾽ ἐχθρὸς ἦν τοῖς πολίταις διὰ τὴν ὠμότητα. ὁ γὰρ ἀδελφὸς αὐτοῦ, Ἵππαρχος ὀνόματι, διὰ φθόνον δύο φίλους, Ἁρμόδιον καὶ Ἀριστογείτονα ὀνόματι, 5 οὕτως ὕβρισεν ὥστε μάλιστα δι᾽ ὀργῆς εἶχον. ἔδοξεν οὖν αὐτοῖς ἐπιβουλεύειν τοῖς τυράννοις, καὶ τὸν μὲν Ἵππαρχον ἐφόνευσαν, οὐ μέντοι τὸν Ἱππίαν. καὶ τὸν μὲν Ἁρμόδιον εὐθὺς ἐφόνευσαν οἱ φύλακες, τὸν δ᾽ Ἀριστογείτονα πρῶτον μὲν ἐβασάνιζον, ἔπειτα 10 καὶ αὐτὸν ἐφόνευσαν. ἐντεῦθεν οὖν χαλεπῶς τὴν ἀρχὴν ἔνεμεν ὁ Ἱππίας, ἀεὶ γὰρ ἐν φόβῳ ἦν διὰ τὸν τοῦ ἀδελφοῦ θάνατον, τέλος δὲ εὐγενής τις, Κλεισθένης ὀνόματι, τοὺς Λακεδαιμονίους ἔπεισε διὰ τοῦ ἐν Δελφοῖς μαντείου εἰς τὴν Ἀττικὴν εἰσβάλλειν 15 καὶ τὸν Ἱππίαν ἐκ τῆς γῆς ἐλαύνειν.

16

Grammar.

Middle of λύω—Perfect and Pluperfect Indicative :
pp. 126, 134.

Noun Stems in ι : p. 104.

CLEISTHENES AND ISAGORAS (509 B.C.)

Ἐπεὶ δ' ὁ Κλεομένης, ὃς ἐβασίλευε τῶν Λακεδαιμονίων, τὴν τοῦ Ἱππίου ἀρχὴν ἔλυσεν, αὖθις ἐστασίαζον οἱ Ἀθηναῖοι. ἄμιλλα δ' ἦν τῷ Κλεισθένει πρὸς ἄλλον εὐγενῆ, Ἰσαγόραν ὀνόματι. καὶ ὁ μὲν
5 Ἰσαγόρας, ᾧ τῆς πόλεως τυραννεύειν ἔδοξεν, τοὺς ὀλίγους ἐθεράπευεν, ὁ δὲ Κλεισθένης, ὃς προστάτης ἦν τοῦ δήμου, εὐθὺς περιῆν τοῦ ἐναντίου. ὁ μὲν οὖν Ἰσαγόρας τὸν Κλεομένη ἔπεισεν αὖθις εἰς τὴν Ἀττικὴν εἰσβάλλειν καὶ τὸν Κλεισθένη ἐκ τῆς
10 πόλεως ἐλαύνειν. ὁ δὲ Κλεομένης, ᾧ ῥᾴδιον ἐφαίνετο τὸ πρᾶγμα, πρῶτον μὲν κήρυκα ἔπεμψε καὶ τοὺς Ἀθηναίους ἐκέλευσε τοὺς Ἀλκμαιωνίδας τοὺς ἐπαράτους (ὧν καὶ αὐτὸς ὁ Κλεισθένης ἦν) ἐκ τῆς γῆς ἐκβάλλειν, ἔπειτ' ἐστράτευσεν ἐπὶ τοὺς
15 Ἀθηναίους, οἳ εἰς τὴν πόλιν ἐδέξαντο αὐτόν. ἀλλὰ δι' ὀλίγου, ἐπεὶ φαύλη αὐτοῖς ἐφαίνετο ἡ τῶν ὀλίγων δύναμις, τῶν μὲν Λακεδαιμονίων περιῆσαν, τῶν δ' ὀλίγων ἄλλους μὲν ἐφόνευσαν ἄλλους δ' ἐκ τῆς πόλεως ἤλαυνον. αὐτὸς μέντοι ὁ Ἰσαγόρας, ἐπεὶ
20 ἔσωσεν αὐτὸν ὁ Κλεομένης, ἐκφεύγει.

17

Grammar.

Passive of λύω—Aorist Indicative: p. 134.

Adjectival Stems in υ : p. 109.

N.B.—The Agent by whom an action is performed is expressed by ὑπό with the Genitive Case.

THE CONSTITUTION OF CLEISTHENES (509 B.C.)

Ὁ δὲ Κλεισθένης, ἐπεὶ οὕτως ἐκωλύθη ὁ Ἰσαγόρας ὑπὸ τῶν Ἀθηναίων τῆς πόλεως τυραννεύειν, οὐ μόνον τὴν τῶν εὐγενῶν δύναμιν ἔπαυσεν ἀλλὰ νέαν πολιτείαν ἔκτισεν, ἐν ᾗ οὐκ ὀλίγοι τῶν μετοίκων καὶ δὴ καὶ τῶν δούλων ἐλεύθεροι ἦσαν καὶ πολῖται. καὶ 5 τοὺς μὲν πολίτας εἰς δέκα φυλάς, τὰς δὲ φυλὰς εἰς δέκα δήμους μετὰ συχνῆς εὐλαβείας ἔταξεν· οἱ γὰρ ἐν ἑκάστῃ φυλῇ δῆμοι οὐχ ὅμοροι ἦσαν, ἄλλοι δ᾽ ἄλλοθι κατὰ τὴν Ἀττικὴν ἐσπάρησαν· οὕτω γάρ, ὡς ἐφαίνετ᾽ αὐτῷ, κωλύειν ἔμελλε τὰς φυλὰς τῇ πόλει 10 ἐπιβουλεύειν· καὶ τὰ μὲν ἑκάστου δήμου πράγματα ὑπ᾽ αὐτῶν τῶν δημοτῶν ἐπράττετο, περὶ δὲ τῶν τῆς πόλεως οἱ πολῖται κοινῇ ἐβουλεύσαντο, πρῶτον μὲν ἐν τῇ βουλῇ, εἰς ἣν πεντήκοντα πολῖται ἐξ ἑκάστης φυλῆς κατ᾽ ἐνιαυτὸν ἐτάχθησαν, ἔπειτ᾽ ἐν τῇ ἐκκλησίᾳ, 15 ἐν ᾗ ὅλον τὸ πλῆθος τῶν πολιτῶν παρῆν, ἐξῆν δ᾽ ὃ ἡδὺ ἦν ἑκάστῳ λέγειν.

18

Grammar.

Passive of λύω—Future Indicative : p. 132.

Noun Stems in Diphthongs : p. 104.

THE IONIAN REVOLT (499 B.C.)

Οὕτως οὖν ἐκτίσθη ἡ τῶν Ἀθηναίων δημοκρατία, ἧς ἡ δόξα ἔτι καὶ νῦν σῴζεται ἀεὶ δὲ σωθήσεται. τότε γὰρ πρῶτον ἐξῆν τοῖς πολίταις ἴσως καὶ κοινῇ τὰ τῆς πόλεως πράττειν. οὐ μέντοι ἐξῆν τοῖς
5 Ἀθηναίοις εἰρήνην ἄγειν· οὔτε γὰρ τοῖς ἄλλοις Ἕλλησιν ἡδεῖα ἦν ἡ δημοκρατία οὔθ' ὁ Ἱππίας πάνυ ἀνέλπιστος ἦν αὖθις ἐν Ἀθήναις τυραννεύειν. καὶ πρῶτον μὲν οἱ Λακεδαιμόνιοι μάτην ἔπειθον τοὺς συμμάχους κατάγειν τὸν τύραννον, ἔπειθ' ὁ Ἱππίας
10 Δαρεῖον τὸν τῶν Περσῶν βασιλέα ἔπειθεν ἐπὶ τοὺς Ἀθηναίους στρατεύειν. τοῖς δ' Ἀθηναίοις ἔδοξε τὰ ἔσχατα κινδυνεύειν μᾶλλον ἢ τὴν ἐλευθερίαν ἀποβάλλειν· ἐπεὶ μὲν οὖν Ἀρισταγόρας, ὁ τῆς Μιλήτου τύραννος, ὃς τοὺς ἐν Ἀσίᾳ Ἴωνας ἔπειθε τῷ βασιλεῖ
15 ἐπιβουλεύειν, βοηθείας ἕνεκα πρὸς τὰς Ἀθήνας ἱκέτευσεν, εὐθὺς ναυτικόν τ' ἔπεμψαν καὶ στρατιώτας, οἳ μετὰ τῶν Ἰώνων τάς τε Σάρδεις καὶ τὸ τῆς Κυβέλης ἱερὸν ἔκαυσαν.

19

Grammar.

Present and Imperfect Indicative, Active and Passive, of Verbs in -αω: pp. 142, 144.

The Noun ἀνήρ : p. 105.

N.B.—Be careful to note that Verbs in -αω, -εω, -οω are only contracted in the Present and Imperfect Tenses; the other tenses are conjugated like the corresponding tenses of λύω.

THE BATTLE OF LADE (494 B.C.)

Ἐπεὶ δ' ἡ πόλις καὶ τὸ ἱερὸν ἐκαύθησαν εὐθὺς δι' ὀργῆς εἶχον οἱ βάρβαροι καὶ πανταχοῦ ἐνίκων τοὺς Ἕλληνας, καὶ δὴ καὶ αὐτὸς ὁ Δαρεῖος συχνῶν μετὰ στρατιωτῶν ἐστράτευσεν ἐπ' αὐτούς. καὶ οὐ μόνον κατὰ γῆν ἐνίκα, ἀλλ' ὅλον τὸ ναυτικὸν τὸ τῆς ἀρχῆς 5 ἔπεμψεν ἐπ' αὐτούς. ἔπειθ' οἱ Ἴωνες τὸ ναυτικὸν ἐπίστευσαν Διονυσίῳ, ἀνδρὶ ἀγαθῷ καὶ τῶν τοῦ πολέμου ἐμπείρῳ· καὶ ὀλίγον μὲν χρόνον ἐπείθοντο αὐτῷ οἱ ναῦται καὶ τὴν εὐταξίαν ἐμελέτων, τέλος δὲ χαλεπῶς ἔφερον τὸν πόνον· φύσει γὰρ ἀδύνατοι 10 ἦσαν οἱ Ἴωνες κοινῇ τι πράττειν ἢ συχνὸν χρόνον ὑπακούειν. ἐπεὶ οὖν τὸ τῶν Περσῶν ναυτικὸν ἐφάνη οἱ μὲν ἄλλοι καθ' ἕκαστον ἀπέρχονται οἱ δὲ Χῖοι ὀλίγοι ὑπὸ συχνῶν νικῶνται.

20

Grammar.

Present and Imperfect Indicative, Active and Passive,
of Verbs in -εω : pp. 146, 148.
The Pronoun τις : p. 121.

THE CAPTURE OF MILETUS (494 B.C.)

Μετὰ δὲ τὴν ναυμαχίαν ἐν ἀθυμίᾳ ἦσαν οἱ τῆς
Μιλήτου πολῖται· οὔτε γὰρ ἡγεμὼν παρῆν οὔτε
σύμμαχοι, ἐπεὶ ὁ μὲν Ἀρισταγόρας καὶ πρότερον
μετὰ τῶν φίλων ἐκ τῆς πόλεως ἐσώθη, οἱ δ' ἄλλοι
5 Ἕλληνες οὐκέτ' ὠφέλουν. ἐπεὶ δὲ πρῶτοι τὸν
πόλεμον ἐκίνησαν, καὶ πρῶτοι ἐκολάσθησαν. συχνὸν
οὖν χρόνον οἱ Πέρσαι ἐπολιόρκουν αὐτούς, τέλος δὲ
τὴν μὲν πόλιν ἔκαυσαν τοὺς δὲ πολίτας τὰ ἔσχατα
ἐτιμωρήσαντο, οἱ δ' Ἀθηναῖοι μάλιστα διὰ τὸ
10 πρᾶγμα ἐλυποῦντο. οὔτε γὰρ πρότερον παρῆσαν
μετὰ τοῦ ναυτικοῦ ἐν τῇ ναυμαχίᾳ οὔθ' ὕστερον
στρατιώτας ἔπεμψαν ἐν ᾧ ἡ πόλις ἐπολιορκεῖτο, ἀλλ'
ἄνδρας συμμάχους τε καὶ οἰκείους ἐν τῇ ἐσχάτῃ
ἀπορίᾳ οὐδὲν ὠφέλησαν. ποιητὴν δέ τινα, Φρύνιχον
15 ὀνόματι, ὃς τραγῳδίαν ἐδίδαξε περὶ Μιλήτου
ἁλώσεως, χιλίας δραχμὰς ἐπράξαντο.

21

Grammar.
Present and Imperfect Indicative, Active and Passive,
of Verbs in -οω : pp. 150, 152.
The Pronoun τίς : p. 120.

THE EXPEDITION OF MARDONIUS (492 B.C.)

Ὁ μὲν οὖν Δαρεῖος, ἐπεὶ τοὺς ἄλλους Ἴωνας ἢ
ἐδούλωσεν ἢ χρήματα ἐπράξατο, περὶ τῶν ἐν Ἑλλάδι
συμμάχων ἐβουλεύσατο. λέγεται δ' ὡς ἐπεὶ πρῶτον
ἐδιδάχθη ὅτι οἱ Ἀθηναῖοι τὰς Σάρδεις ἔκαυσαν, Τίνες
εἰσίν, ἔφη, οἱ Ἀθηναῖοι ; ὕστερον δ' ἀεὶ δοῦλον 5
ἐκέλευσε τρὶς τῆς ἡμέρας ἀναμιμνήσκειν ὅτι κολάζειν
δεῖ τοὺς Ἀθηναίους. δευτέρῳ μὲν οὖν ἔτει μετὰ τὴν
ἅλωσιν Μιλήτου στρατιὰν ναυτικήν τε καὶ πεζὴν
ἔπεμψε πρὸς τὴν Ἑλλάδα· καὶ τὸ μὲν ναυτικὸν ἐν
χειμῶνι ἐναυάγει, ἡ δὲ πεζῆ στρατιὰ δι' ὀλίγων 10
ἡμερῶν πρὸς τοὺς Θρᾷκας ἐμάχετο. καὶ τοὺς μὲν
ἐνίκησαν, αὐτοὶ δ' οὕτως ἐταλαιπώρησαν ἐν τῇ μάχῃ
ὥστ' ἀδύνατον ἐφαίνετο εἰς τὴν Ἀττικὴν τότε γ'
εἰσβάλλειν. ἔδοξεν οὖν τῷ Μαρδονίῳ, ὃς ἡγεμόνευεν,
οἴκαδε ἀποχωρεῖν καὶ δευτέραν στρατιὰν ὕστερον 15
ἐκπέμπειν.

22

Grammar.

Irregular Nouns : pp. 101, 105.

The Adjectives πολύς and μέγας : p. 111.

THREE GREAT ATHENIANS

Ἀλλ᾽ οὐ ῥᾳδίως ἔμελλον οἱ Ἀθηναῖοι τήν τ᾽
ἐλευθερίαν ἀποβάλλειν καὶ τοῖς Πέρσαις ὑπείκειν.
ἦσαν δ᾽ ἐν τῇ πόλει τρεῖς ἄνδρες δι᾽ οὓς μάλιστα οἷοί
τ᾽ ἦσαν τούς τε βαρβάρους ἐκβάλλειν καὶ τὴν
5 πολιτείαν σῴζειν· ὧν ὁ μὲν πρῶτος, Μιλτιάδης
ὀνόματι, πρότερον μέν, ἐπεὶ ὁ πατὴρ αὐτοῦ ἐκ τῶν
Ἀθηνῶν ἔφευγεν, τῆς Χερσονήσου ἐτυράννευσε καὶ
τοῖς Ἴωσιν ἐβοήθησεν ὅτε πρὸς τοὺς Πέρσας
ἐμάχοντο· ἐπεὶ δ᾽ ἐνικήθησαν εἰς Ἀθήνας ἐσώθη,
10 ὅπου οἱ πολῖται ἐδέξαντο αὐτὸν καὶ στρατηγὸν
ἐποίησαν. δεύτερος δ᾽ ἦν ὁ Ἀριστείδης, ὃν ἐν
μεγάλῃ τιμῇ οἱ Ἕλληνες εἶχον ὅτι πιστός τ᾽ ἦν καὶ
δίκαιος. ὁ δὲ τρίτος ἔτι μᾶλλον ὠφέλησε τὴν
πατρίδα. ὁ γὰρ Θεμιστοκλῆς ἔπεισε τὸν δῆμον
15 πρῶτον μὲν ναῦς πολλὰς καὶ μεγάλας οἰκοδομεῖν καὶ
τοῖς τῆς θαλάττης προσέχειν τὸν νοῦν, ἔπειτα τὴν
πόλιν οὕτω τειχίζειν, ὥστ᾽ ἐντεῦθεν ἀδύνατον ἦν
τοῖς πολεμίοις κατὰ γῆν προσβάλλειν αὐτοῖς.

23

Grammar.

Infinitives of λύω, Active, Middle, and Passive:
pp. 129, 131, 133, 135, 137.

THE BATTLE OF MARATHON (490 B.C.)

Δευτέρῳ δ' ἔτει μετὰ τὴν τοῦ Μαρδονίου εἰσβολὴν
οἱ Πέρσαι αὖθις μεγάλην στρατιὰν ἔπεμψαν πρὸς
τὴν Ἑλλάδα καὶ ναυτικὴν καὶ πεζήν. οἱ δ' Ἀθηναῖοι
πολὺν χρόνον ἐβουλεύσαντο πότερον εὐθὺς δεῖ πρὸς
τοὺς βαρβάρους στρατεύειν ἢ ἐν τῇ πόλει δέχεσθαι 5
αὐτούς, τέλος δ', ἐπεὶ τῷ Μιλτιάδῃ πείθεσθαι ἔδοξεν,
ἐπορεύθησαν πρὸς τὸν Μαραθῶνα. καὶ οἱ μὲν
ἄλλοι Ἕλληνες οὐκ ἐβοήθησαν αὐτοῖς, οἱ δὲ Πλαταιῆς
μόνοι τὴν ὅλην στρατιὰν χιλίων ἀνδρῶν ἔπεμψαν,
ὅτι πρότερον αὐτοῖς δὶς ἐβοήθησαν οἱ Ἀθηναῖοι 10
πρὸς τοὺς Θηβαίους. καὶ οἱ μὲν βάρβαροι τὴν
ἀπόβασιν ἐποιήσαντο ἐν πεδίῳ ὃ πανταχοῦ ὄρεσι
συγκλῄεται, οἱ δ' Ἕλληνες ἐπ' ἄκροις τοῖς ὄρεσιν
ἐτάχθησαν· καὶ ὀλίγας μὲν ἡμέρας ἡσυχάζουσιν,
ἔπειτ' ἄφνω κατὰ τῶν λόφων ὀλίγοι πρὸς πολλοὺς 15
ὁρμῶνται. καὶ οὐ διὰ πολλοῦ ἐνικήθησαν οἱ Πέρσαι
καὶ πρὸς τὰς ναῦς ἔφευγον.

Grammar.

> Present, Future, and Aorist Participles Active of λύω :
> pp. 110, 127, 129, 131.

N.B.—(1) A Relative Clause in English may often be
> translated in Greek by the Participle pre-
> ceded by the Article.

> *Men who save their country are honoured.*
> οἱ τὴν πατρίδα σῴζοντες τιμῶνται.

> (2) The Present Participle describes an action as
> going on at the same time as the action of
> the main verb, the Aorist Participle as hav-
> ing occurred before it.

> *While pursuing the enemy he was in danger himself.*
> τοὺς πολεμίους θηρεύων αὐτὸς ἐκινδύνευεν.

> *Having pursued the enemy he marched home.*
> τοὺς πολεμίους θηρεύσας οἴκαδε ἐπορεύθη.

24

THE YEARS FOLLOWING MARATHON

Τοῖς δὲ Πέρσαις πρῶτον μὲν ἔδοξε δευτέραν
στρατιὰν ἐπὶ τοὺς Ἀθηναίους ἐκπέμπειν. οὐ γὰρ
ἔμελλον οἱ πρότερον πανταχοῦ νικήσαντες ῥᾳδίως
φέρειν τὴν ἧτταν. οὔπω μέντοι οἷοί τ᾽ ἦσαν περὶ
τῶν τῆς Ἑλλάδος βουλεύεσθαι, ἐπεὶ ἄλλοθι μᾶλλον 5
περὶ τῆς ἀρχῆς φροντίζειν ἐδέησεν. οἱ γὰρ Αἰγύπτιοι,
οἳ τότε ὑπήκοοι ἦσαν τῶν Περσῶν, ἀπόστασιν
ἐποιοῦντο. ὁ μὲν οὖν Δαρεῖος μεγάλην ἔχων
στρατιὰν ἐπ᾽ αὐτοὺς ἐστράτευσεν, ἀλλ᾽ ἐν ᾧ ἐκεῖσε
ἐπορεύετο ἐτελεύτησεν. ἐν δὲ τῇ Ἑλλάδι οἱ 10
Ἀθηναῖοι πόλεμον ἐποιήσαντο πρὸς τοὺς Αἰγινήτας
κατὰ γῆν θ᾽ ἅμα καὶ κατὰ θάλατταν. ὁ δὲ Θεμιστο-
κλῆς, τοὺς πολίτας πείσας τῷ ναυτικῷ προσέχειν τὸν
νοῦν, τότε μάλιστ᾽ ὠφέλησε τὴν πατρίδα, ἐπεὶ δι᾽
αὐτὸν οὐ διὰ πολλοῦ τῶν ἄλλων πόλεων τῇ κατὰ θά- 15
λατταν δυνάμει περιῆσαν.

25

Grammar.

Active Perfect Participle and the Middle Participles
of λύω : pp. 110, 124, 135, 137.

THE EXPEDITION OF XERXES (481 B.C.)

Ἐπεὶ δ' ὁ Δαρεῖος ἐτελεύτησεν, ὁ υἱὸς αὐτοῦ,
Ξέρξης ὀνόματι, τῶν Περσῶν ἐβασίλευσεν. τοὺς
δ' Αἰγυπτίους τοὺς τὴν ἀπόστασιν ποιησαμένους
νικήσας οἷός τ' ἦν περὶ τῶν τῆς Ἑλλάδος βουλεύ-
5 εσθαι, καὶ αὐτὸς τῆς ἐν πολέμῳ δόξης ἐπιθυμῶν.
ἐπορεύθη οὖν στρατιώτας ἄγων ἀριθμῷ μὲν πολὺ
προὔχοντας τῶν Ἑλλήνων, ἀρετῇ δὲ καὶ εὐταξίᾳ
ἐλλείποντας· οἱ γὰρ πολλοὶ ἄγριοι ἦσαν καὶ πάνυ
ἀδύνατοι πρὸς ἄνδρας τοῦ πολέμου ἐμπείρους
10 μάχεσθαι. ἔδοξε μέντοι τῷ βασιλεῖ ἐξ ἑκάστου
τῶν ἐθνῶν ὧν ἐβασίλευε στρατιώτας πέμπειν. ἐν
δὲ τῷ Ἑλλησπόντῳ πολλὰς ναῦς τάξας καὶ δεσμοῖς
ἄλλην πρὸς ἄλλην δήσας γέφυράν τιν' ἐποιήσατο
καθ' ἣν διαβιβάζειν ἔμελλε τὸν στρατόν· ἐπεὶ δ' ἡ
15 γέφυρα χειμῶνι ἐλύθη, τὴν θάλατταν ἐμαστίγωσεν
ὅτι τῷ τῶν Περσῶν βασιλεῖ οὐκ ἐπείθετο.

26

Grammar.

Passive Participles of λύω : pp. 133, 135.

THERMOPYLAE (480 B.C.)

Δευτέραν οὖν γέφυραν ποιησάμενος καὶ δια-
βιβάσας τοὺς στρατιώτας διὰ τῆς τῶν Θετταλῶν
ἐπορεύετο ὁ Ξέρξης. ἦν δὲ στενή τις ὁδός, τῇ μὲν
τῇ θαλάττῃ τῇ δὲ τοῖς ὄρεσι συγκεκλημένη, δι' ἧς
πορεύεσθαι ἐδέησε τοὺς εἰς τὴν Ἀττικὴν εἰσβάλ- 5
λοντας. ἐκεῖσε οὖν ἐχώρησε Λεωνίδας, ὁ τῶν
Λακεδαιμονίων βασιλεύς, Σπαρτιάτας μὲν ἔχων
τριακοσίους τῶν δ' ἄλλων Ἑλλήνων ἑνακισχιλίους.
καὶ δύο μὲν ἡμέρας, καίπερ συνεχῶς μαχόμενοι,
οὐχ οἷοί τ' ἦσαν οἱ βάρβαροι βιάζεσθαι· ἔπειτα 10
προδότης τις, χρήμασι πεισθείς, νυκτὸς πολλοῖς
αὐτῶν δι' ἄλλης ὁδοῦ ἡγεῖτο. τρίτῃ δ' ἡμέρᾳ ὁ
Λεωνίδας τοὺς μὲν πολλοὺς τῶν συμμάχων ἐκέλευσεν
ὑπεκχωρεῖν, αὐτὸς δὲ καὶ οἱ ἄλλοι Σπαρτιᾶται μετ'
ὀλίγων συμμάχων εἰς τὸ πεδίον χωρήσαντες ἀνδρείως 15
μαχόμενοι ἐτελεύτησαν.

27

Grammar.

Active Imperatives of λύω : pp. 129, **131**.
Middle and Passive Imperatives of λύω: pp. 133, 135, 137.

THE ATHENIANS VACATE THEIR CITY

Ἐπεὶ μὲν οὖν ἀδύνατον ἦν τοὺς Πέρσας κωλύειν
εἰς τὴν Ἀττικὴν εἰσβάλλειν, πολὺν χρόνον ἐβουλεύ-
σαντο οἱ Ἀθηναῖοι πότερον φυλάττειν δεῖ τὴν πόλιν
ἢ τοῖς πολεμίοις ὑπείκειν. τέλος δ' ἔδοξε πείθεσθαι
5 τῷ Θεμιστοκλεῖ ὃς τοιάδε ἐν τῇ ἐκκλησίᾳ ἔλεξεν,
Λείπετε τὴν πόλιν, ὦ ἄνδρες Ἀθηναῖοι, καὶ τὰς μὲν
γυναῖκας καὶ τὰ παιδία εἰς ἄλλην πόλιν ὑπεκπέμπετε,
αὐτοὶ δ' εἰς τὰς ναῦς ἐμβαίνετε καὶ κατὰ θάλατταν
μάχεσθε πρὸς τοὺς βαρβάρους. τῶν μὲν οὖν
10 Ἀθηναίων οὐδεὶς ἐν τῇ πόλει ἔμενεν, εἰ μὴ γέροντές
τινες οἳ τὰ ἱερὰ ἐφύλαττον καὶ τοῖς θεοῖς ἔθυον. οἱ
δὲ Πέρσαι εὐθὺς τοὺς μὲν γέροντας ἐφόνευσαν, τὴν
δὲ πόλιν ἔκαυσαν.

Grammar.

Active Subjunctive of λύω : pp. 128, 130.

N.B. —(1) **Exhortations** (which are equivalent to commands in the 1st person) **are expressed by the Subjunctive.**

> *Let us fight well.*
> εὖ μαχώμεθα.

(2) **Prohibitions are of two kinds :—**

> (a) **General,** *in which the prohibition is a* **general** rule · *expressed by* μή *with the* **Present Imperative.**
>
> *Do not believe bad men.*
> μὴ πίστευε τοῖς κακοῖς.

> (b) **Particular,** *in which a* **particular instance** *is forbidden : expressed by the* **Aorist Subjunctive.**
>
> *Do not loose the slave.*
> μὴ λύσῃς τὸν δοῦλον.

(3) **The Negative used with the Imperative and Subjunctive Moods is** μή, **not** οὐ.

(4) **Relative words, with the addition of the word** ἄν (which has no exact equivalent in English), **are used with the Subjunctive to express 'general' action, like the English words** whoever,' ' **wherever,' etc.**

Whoever looses the slave, will be punished.
ὃς ἂν λύσῃ τὸν δοῦλον κολασθήσεται.

28

THE EVE OF THE SEA-FIGHT

Αἱ δὲ τῶν Ἑλλήνων νῆες, ὧν τὰς πολλὰς ἔπεμψαν
οἱ Ἀθηναῖοι, ἐν τοῖς στενοῖς ἦσαν τεταγμέναι,
μεταξὺ τῆς Ἀττικῆς καὶ νήσου τινὸς μικρᾶς,
Σαλαμῖνος ὀνόματι. ἐστρατήγει δ᾽ Εὐρυβιάδης
5 ὁ Λακεδαιμόνιος· οἱ γὰρ Κορίνθιοι καὶ οἱ Αἰγινῆται
οὐκ ἐβούλοντο Ἀθηναίῳ ὑπακούειν στρατηγῷ· καὶ
οἱ μὲν ἄλλοι Ἕλληνες ἐπὶ τὸν Ἰσθμὸν ἀποχωρεῖν
ἐβούλοντο, ὁ δὲ Θεμιστοκλῆς, Ἐνθάδε μᾶλλον, ἔφη,
ὦ ἄνδρες στρατηγοί, δεχώμεθα τοὺς πολεμίους. ὁ
10 δ᾽ Ἀδείμαντος (ὃς τῶν Κορινθίων ἐστρατήγει), Οὐ
προσήκει, ἔφη, τοῖς πατρίδ᾽ οὐκέτ᾽ ἔχουσι μετὰ τῶν
ἄλλων βουλεύεσθαι. ὁ δὲ Θεμιστοκλῆς, Μὴ οὕτως
ὑβρίσῃς τοὺς Ἀθηναίους, ὦ Ἀδείμαντε· τοῖς γὰρ
ἑκατὸν καὶ ὀγδοήκοντα ναῦς ἔχουσιν ἔξεστι πατρίδ᾽
15 ἔχειν ὅπου ἂν δοκῇ αὐτοῖς. εἰ δ᾽ ἐπὶ τὸν Ἰσθμὸν
ἀποχωρήσετε, εἰς ἄλλην γῆν ἀποχωρήσουσιν οἱ
Ἀθηναῖοι μετὰ τοῦ ναυτικοῦ καὶ νέαν πόλιν
κτίσουσιν. ἔπειτ᾽ οὖν ἔδοξεν ἐν τοῖς στενοῖς μένον-
τας δέχεσθαι τοὺς πολεμίους.

29

Grammar.

Middle and Passive Subjunctives of λύω :
pp. 132, 134, 136.

SALAMIS (480 B.C.)

Ἐπεὶ μέντοι οὔπω πάντα ἀσφαλῆ ἐφαίνετο ὁ
Θεμιστοκλῆς καὶ τοιάδ' ἐμηχανήσατο· νυκτὸς γὰρ
πιστόν τινα δοῦλον εἰς τὸ τῶν Περσῶν στρατόπεδον
ἔπεμψεν ἐπιστολὴν φέροντα πρὸς τὸν βασιλέα, ἐν ᾗ
τοιάδ' ἔγραψεν· Εἰ βούλει, ὦ βασιλεῦ, τοὺς Ἕλληνας 5
νικῆσαι, δεῖ εὐθὺς φράττειν τοὺς εἴσπλους τῶν
στενῶν, ἵνα μὴ ἐκφεύγωμεν ὅποι ἂν βουλώμεθα·
μέλλομεν γὰρ νυκτὸς ἀποχωρεῖν. τῇ μὲν οὖν
ὑστεραίᾳ, ἐν ᾧ πολλὰ μάτην ἐβουλεύοντο οἱ τῶν
Ἑλλήνων στρατηγοί, οἱ Πέρσαι πανταχοῦ φράξαν- 10
τες τοὺς εἴσπλους οὕτως ἐπολιόρκησαν τοὺς Ἕλλη-
νας ὥστ' ἐκφεύγειν οὐκέτ' ἐξῆν. ἐν δὲ τῇ ναυμαχίᾳ,
ἐπεὶ αἱ τῶν Περσῶν νῆες ἄλλαι ἄλλας ἐκώλυον ἐν
τοῖς στενοῖς, οἱ Ἕλληνες πανταχοῦ ἐνίκων.

30

Grammar.

Active Optatives of λύω : pp. 129, 131.

N.B.—**Wishes for the Future** are expressed by the
Optative with or without the particles εἴθε or
εἰ γάρ. **Negative** μή.

May you not accomplish the task.

μὴ πράξειας τὸ ἔργον.

May they not fare ill in the battle.

εἴθε μὴ κακῶς πράττοιεν ἐν τῇ μάχῃ.

XERXES RETURNS TO PERSIA

Τῷ δὲ βασιλεῖ οὐκέτ' ἀσφαλὲς ἐφαίνετο μένειν ἐν
τῇ Ἑλλάδι· ὁ δὲ Θεμιστοκλῆς, ἐπεὶ καὶ αὐτὸς ἐβούλετο
τὸν Ξέρξην οἴκαδε κατάγειν τὸν στρατόν, αὖθις τὸν
δοῦλον ἔπεμψεν, ἐπιστολὴν φέροντα ἐν ᾗ ἔγραψε,
5 Δεῖ εὐθύς, ὦ βασιλεῦ, ἀποχωρεῖν ἐκ τῆς Ἑλλάδος,
ἵνα μὴ πρότερον λυθῇ ἡ ἐν τῷ Ἑλλησπόντῳ
γέφυρα· εἰ γὰρ λυθήσεται, ἀδύνατον ἔσται δια-
βιβάζειν τὸν στρατόν, αὐτὸς δ' οὐ ῥᾳδίως ἔπεισα
τοὺς ἄλλους στρατηγοὺς μὴ καὶ πρότερον λύειν
10 αὐτήν. ἅμα δ' ὁ Μαρδόνιος, ὃς καὶ αὐτὸς ἐν τῷ
στρατῷ ἦν, Μηκέτ', ὦ βασιλεῦ, ἔφη, αὐτὸς μένοις ἐν
τῇ Ἑλλάδι. κέκαυται γὰρ ἡ τῶν Ἀθηναίων πόλις,
οὓς μάλιστα τιμωρεῖσθαι ἐβούλου, ὥστε πέπρακται
τὸ ἔργον ὃ πράξοντες πάρεσμεν. ἔδοξεν οὖν τῷ
15 βασιλεῖ ἀποχωρεῖν· καὶ ἡ μὲν γέφυρα χειμῶνι ἤδη
ἐλύθη, ἐν ναυσὶ δ' ἔτ' ἐξῆν διαβιβάζειν τὸν στρατόν.

31

Grammar.

Middle and Passive Optatives of λύω:
pp. 133, 135, 137.

THE ATHENIANS RETURN TO ATHENS

Ἐπεὶ δ' ὁ βασιλεὺς μετὰ τῶν πολλῶν τῶν
στρατιωτῶν εἰς τὴν Ἀσίαν ἀπεχώρησεν, ἀσφαλὲς
ἤδη ἐφαίνετο τοῖς Ἀθηναίοις τὰς γυναῖκας καὶ τὰ
παιδία εἰς τὴν πόλιν κατάγειν τάς τ' οἰκίας καὶ τὰ
ἱερὰ ἐπισκευάζειν. ἔπειθ' ὁ Μαρδόνιος πρεσβευτὴν 5
ἔπεμψε πρὸς αὐτοὺς ὃς τοιάδε ἔλεξεν· Μηκέτ', ὦ
Ἀθηναῖοι, βούλοισθε πρὸς τοὺς Πέρσας μάχεσθαι,
μᾶλλον δὲ συμμάχους αὐτοὺς ἔχειν· δέξεσθε γὰρ
χρήματά τε πολλὰ παρὰ τοῦ βασιλέως καὶ γῆν τῶν
ὁμόρων ὅσην ἂν βούλησθε· εἰ δὲ μὴ βουλήσεσθε 10
συμμάχους αὐτοὺς ἔχειν, ἐν νῷ ἔχει ὁ Μαρδόνιος
αὖθις εἰς τὴν Ἀττικὴν μέγαν στρατὸν ἄγειν. τοῖς δ'
Ἀθηναίοις ἔδοξε μὴ δέχεσθαι τοὺς λόγους ἵνα μὴ
τοὺς συμμάχους, οἷς πρότερον ἀεὶ παρῆσαν, ἀπολεί-
ποιεν. 15

32

Grammar.

Active Voice (in full) of Contracted Verbs in -αω:
pp. 142, 143.

Regular Comparison of Adjectives in -ος : pp. 112, 113.

N.B.—Where two things are directly compared with one
another by means of a Comparative Adjective,
the Genitive of Comparison is used in Greek.

The Greeks are braver than the Persians.
οἱ Ἕλληνες ἀνδρειότεροί εἰσι τῶν Περσῶν.

THE BATTLE OF PLATAEA (479 B.C.)

Ἅμα δὲ τῷ ἦρι ὁ Μαρδόνιος πρὸς τὴν Ἀττικὴν
ἐπορεύθη· ἐπεὶ δὲ τῶν συμμάχων οὐδεὶς ἐβοήθησεν,
ἐδέησε τοὺς Ἀθηναίους αὖθις εἰς τὰς ναῦς ἐμβαίνειν
τάς τε γυναῖκας καὶ τὰ παιδία ἐκ τῆς πόλεως
5 ὑπεκπέμπειν. πρεσβευτὰς δ᾽ ἔπεμψαν πρὸς τοὺς
Λακεδαιμονίους ἵνα ἐπιτιμῷεν τοῖς τοὺς συμμάχους
οὕτως ἀπολείπουσιν. Τοῖς γὰρ Ἀθηναίοις, ἔφασαν,
ἔξεστιν ἔτι καὶ νῦν τοὺς τῶν Περσῶν λόγους
δέχεσθαι. ἔπειτα διὰ φόβον οἱ Λακεδαιμόνιοι
10 μέγαν στρατὸν ἔπεμψαν. καὶ οὐ διὰ πολλοῦ ὁ
Μαρδόνιος παρῆν διπλάσιον ἔχων τὸν στρατόν.
ἐμάχοντο δὲ πρὸ τοῦ τῶν Περσῶν στρατοπέδου, οὐ
πολὺ τῶν Πλαταιῶν ἀπέχοντος. καὶ πρῶτον μὲν οἱ
Ἕλληνες οὐδὲν ἀνδρειότεροι ἦσαν τῶν Περσῶν, οἳ
15 καίπερ ὅπλα κουφότερα ἔχοντες ἐκαρτέρουν. τέλος
δ᾽ ἐπεὶ νικᾶν ἀνέλπιστοι ἦσαν οὐκέτ᾽ ἀντέχουσιν.

33

Grammar.

Middle and Passive Voices (in full) of Contracted Verbs
in -αω: pp. 144, 145.

PAUSANIAS AT BYZANTIUM (478 B.C.)

Τοῦ δ' ἐπιγιγνομένου ἦρος οἱ Λακεδαιμόνιοι καὶ
οἱ Ἀθηναῖοι ναυτικὸν ἔπεμψαν ἵνα τοῖς παρὰ τὸν
Ἑλλήσποντον Πέρσαις προσβάλλοιεν· ἡγεῖτο δὲ
τῶν μὲν Λακεδαιμονίων ὁ Παυσανίας, τῶν δ'
Ἀθηναίων ὅ τ' Ἀριστείδης καὶ Κίμων ὁ τοῦ 5
Μιλτιάδου υἱός. ὁ δὲ Παυσανίας, ὃς καὶ ἐν τῇ
κατὰ Πλαταιὰς μάχῃ ἐστρατήγησεν, τὸ Βυζάντιον
πολιορκήσας, τὴν μὲν πόλιν οὐ διὰ πολλοῦ αἱρεῖ
τῶν δ' αἰχμαλώτων τινὰς λύσας πρὸς τὸν Ξέρξην
ἔπεμψεν ἐπιστολὴν φέροντας ἐν ᾗ ἔγραψεν, Εἰ ἐθέλεις, 10
ὦ βασιλεῦ, ἱκανὰ χρήματα παρέχειν, τὴν Ἑλλάδα
ὑπήκοον τῶν Περσῶν ποιήσω. οὕτω γὰρ ἐν νῷ
εἶχε πάσης τῆς Ἑλλάδος τυραννεύειν. ἐπεὶ δ' ὁ
Ξέρξης τοὺς λόγους ἐδέξατο, ὁ Παυσανίας διὰ τὴν
ὕβριν οὕτως ἐπαχθὴς ἦν τοῖς συμμάχοις ὥστ' οὐκέτ' 15
ἐπείθοντο αὐτῷ· ἅμα δ' οἱ ἔφοροι οἴκαδ' ἐκάλεσαν
αὐτὸν ἵνα τῆς προδοσίας αἰτιῷντο.

34

Grammar.

Active, Middle, and Passive Voices (in full)
of Contracted Verbs in -εω: pp. 146-149.

THE WALLS OF ATHENS

Καὶ ἐν ᾧ ἐπολιορκεῖτο τὸ Βυζάντιον ἔδοξε τοῖς
Ἀθηναίοις τήν τε πόλιν αὖθις ἐπισκευάζειν καὶ τείχη
οἰκοδομεῖν τῶν προτέρων τειχῶν πολὺ ἰσχυρότερα.
ἔπειτα πρεσβευταὶ ὑπὸ τῶν Λακεδαιμονίων πεμ-
5 φθέντες, Οὔτ' ἀναγκαῖόν ἐστιν, ἔφασαν, ὦ Ἀθηναῖοι,
οὔτε τοῖς Ἕλλησι σύμφορον πόλιν οὕτω τετειχισ-
μένην ἔχειν ἀφ' ἧς ὁρμώμενοι οἱ Πέρσαι οἷοί τ'
ἔσονται πόλεμον ποιεῖσθαι. ὁ δὲ Θεμιστοκλῆς
τοιόνδ' ἐμηχανήσατο· αὐτὸς γὰρ τρίτος ἐκ τῶν
10 Ἀθηνῶν πορευθεὶς ὡς πρὸς τοὺς Λακεδαιμονίους
πρεσβεύσων αὐτὸς μὲν εἰς τὴν Σπάρτην ἀφικνεῖται,
τοὺς δὲ μετ' αὐτοῦ χρονίζειν ἐκέλευσε, τοῖς δὲ
Λακεδαιμονίοις, Οὔπω ἔξεστιν, ἔφη, περὶ τοῦ πράγ-
ματος βουλεύεσθαι, ἐπεὶ οἱ ἄλλοι πρεσβευταὶ οὔπω
15 πάρεισιν.

35

Grammar.

Active, Middle, and Passive Voices (in full)
of Contracted Verbs in -οω: pp. 150-153.
Regular Comparison of Adjectives in -ας and -ης:
p. 112.

THE WALLS OF ATHENS (*continued*)

Ἐν δὲ τῇ πόλει οἱ Ἀθηναῖοι, οἷς καὶ πρότερον
ὑπὸ τοῦ Θεμιστοκλέους ἐδηλώθη τί δεῖ ποιεῖν, μετὰ
τῶν γυναικῶν καὶ τῶν παιδίων νυκτός θ' ἅμα καὶ
ἡμέρας συνεχῶς πρὸς τὸ ἔργον ἐτρέποντο ἵνα τὸ
τεῖχος διὰ τάχους οἰκοδομοῖεν. ἐπεὶ δὲ καὶ παρῆσαν 5
οἱ ἄλλοι πρεσβευταί, ὁ Θεμιστοκλῆς ἔπεισε τοὺς
Λακεδαιμονίους (ἐπεὶ λόγος πρὸς αὐτοὺς ἐφέρετο,
ἀληθέστατος μὲν ἀλλ' οὔπω σαφής, περὶ τῶν ἐν
Ἀθήναις πραττομένων) ἐκεῖσε πρεσβεύεσθαι ἵνα τὸ
ἀληθὲς αὐτοὶ μανθάνοιεν. Τὸ γὰρ τεῖχος, ἔφη, 10
οὐκέτ' οἰκοδομεῖται ἀλλὰ πέπαυται τὸ ἔργον. οἱ δ'
Ἀθηναῖοι τοὺς πρεσβευτὰς φιλανθρώπως μὲν
ἐδέξαντο, ἀποχωρεῖν δ' οὐκ εἴων· ἐπεὶ δὲ καὶ
ἐτειχίσθη ἡ πόλις ὁ Θεμιστοκλῆς πᾶν τὸ πρᾶγμα
ἐδήλωσε τοῖς Λακεδαιμονίοις· οἱ δὲ πολὺ μὲν 15
ἐλυποῦντο, ἀλλ' οὔτ' ἐναντιοῦσθαι ἔτ' ἐξῆν αὐτοῖς
οὔτε τὸν Θεμιστοκλέα τιμωρεῖσθαι, ἐπεὶ οἱ Ἀθηναῖοι
τοὺς ἑαυτῶν πρεσβευτὰς ὁμήρους εἶχον.

36

Grammar.

Conjugation of Guttural Verbs: pp. 154, 155, 158, 159.

Regular Comparison of Adjectives in -ων: p. 112.

Rules of Reduplication: p. 139.

N.B.—Aorists ending in -σα, such as ἔλυσα, *are called* **First** (*or* **Weak**) **Aorists** *Some Verbs with Consonant Stems have another type of Aorist, ending in -ον, called the* **Second** (*or* **Strong**) **Aorist.**

E.g. φεύγω, *I fly.* ἔφυγον, *I fled.*

The Second Aorist of the Active Voice has the same terminations as the Imperfect in the Indicative Mood, and as the Present in other Moods.

THE CONFEDERACY OF DELOS (475 B.C.)

Ἐπεὶ μὲν οὖν οἱ ἄλλοι Ἕλληνες τοῖς Λακεδαι-
μονίοις οὐκέτι ἐπίστευον, ἀξιώτατοι ἐφαίνοντο οἱ
Ἀθηναῖοι τοῦ κοινοῦ ναυτικοῦ ἡγεμονεύειν. συμ-
μαχίαν οὖν ἐποιήσαντο οἵ τ᾽ Ἀθηναῖοι καὶ οἱ Ἴωνες
5 καὶ πολλοὶ τῶν νησιωτῶν· ἐπεφεύγεσαν μὲν γὰρ
ἤδη οἱ βάρβαροι ἐκ τῆς Ἑλλάδος, οὔπω μέντοι
ἐλεύθεροι ἦσαν οἱ Ἴωνες. ἔδοξε δὲ πόλιν ἑκάστην
ἢ ναῦς ἢ χρήματα πορίζειν πρὸς τὸν πόλεμον ὃν ἐπὶ
τοὺς Πέρσας ἔτι ποιεῖσθαι ἔμελλον ἵνα πανταχοῦ ἐκ
10 τῆς Ἰωνίας φυγεῖν αὐτοὺς ἀναγκάζοιεν, ἅμα δὲ τὸν
Ἀριστείδην (ἐπεὶ πάντων δικαιότατός τ᾽ ἦν καὶ
σωφρονέστατος) τὸν φόρον τάττειν ταῖς πόλεσιν ὃν
καθ᾽ ἑκάστην φέρειν δεῖ. τὰ δὲ χρήματα οὐκ ἐν
Ἀθήναις ἀλλ᾽ ἐν τῇ Δήλῳ ἐφυλάχθη· οὔπω γὰρ τῶν
15 ἄλλων Ἑλλήνων ἡγεμονεύειν ἐβούλοντο οἱ Ἀθηναῖοι,
ἀλλὰ κοινῇ μετ᾽ αὐτῶν τοῖς Πέρσαις ἐναντιοῦσθαι.

37

Grammar.

Conjugation of Dental Verbs : pp. 158, 160.

Rules of Augment : p. 138.

THE DEATH OF PAUSANIAS (469 B.C.)

Ὁ δὲ Παυσανίας, ἐν τῇ Σπάρτῃ προδοσίας μὲν
φυγὼν σωθεὶς δέ, ὅμως πρὸς τοὺς Πέρσας ἔτι
ἔπραττεν. ἦν δ᾽ αὐτῷ πιστός τις δοῦλος ᾧ ἐπιστολὴν
ἐπίστευσεν ἣν πρὸς Πέρσην τινά, Ἀρτάβαζον
ὀνόματι, ἔγραψεν. ὁ δὲ δι᾽ ὑποψίαν τινὰ λύσας τὴν 5
ἐπιστολὴν καὶ εὑρὼν ὅτι ὁ Παυσανίας κτείνειν τὸν
τὴν ἐπιστολὴν φέροντα ἐκέλευσε τὸν Ἀρτάβαζον,
τοῖς ἐφόροις τὸ πρᾶγμα ἐδήλωσεν. οἱ δὲ μηχανη-
σάμενοί τι, ἵνα φανερὸν τεκμήριον ὑπάρχοι τῆς αἰτίας,
συλλαμβάνειν ἔμελλον· ὁ δ᾽ εἰς ἱερὸν φυγὼν ἱκέτης 10
καθίζει ἐπὶ τὸν βωμόν. οἱ δ᾽ ἔφοροι τεῖχος περὶ
τῶν θυρῶν ᾠκοδόμησαν ἵνα λιμῷ ἐκπολιορκοῖεν
αὐτόν· λέγεται δ᾽ ἡ μήτηρ αὐτοῦ τοῖς ἐν ἀρχῇ
συμπρᾶξαι ἐν τῷ ἔργῳ. ἐπεὶ δ᾽ ὅσον οὐκ ἤδη
ἐτελεύτησεν, ἵνα τὸ ἄγος φύγωσιν, ἐξάγουσιν, καὶ 15
ἐξαχθεὶς εὐθὺς ἀποθνήσκει.

38

Grammar.

Conjugation of Labial Verbs : pp. 158, 159.

Comparative and Superlative of μέγας, πολύς : p. 113.

Declension of μείζων : p. 108.

THE DEATH OF THEMISTOCLES

Ἀλλ' οὐ μόνον αὐτὸς ἑαυτῷ συμφορᾶς αἴτιος ἦν
ὁ Παυσανίας· πρότερον γὰρ τὸν Θεμιστοκλέα, ὃς
τότε ἐκ τῶν Ἀθηνῶν ἔφευγεν, ἔπειθε συμπρᾶξαι ἑαυτῷ
καὶ ἐπιβουλεύειν τῇ Ἑλλάδι· ὁ δ' οὐκ ἐπείσθη, οὐ
5 μέντοι οὐδενὶ ἐδήλωσε τὸ πρᾶγμα. ὕστερον δ', ἐπεὶ
ὑπὸ τῶν ἐφόρων ἐδηλώθη, μεταπέμπονται αὐτὸν οἱ
Ἀθηναῖοι ἵνα καὶ αὐτὸς προδοσίας φύγῃ. ὁ δ' εὐθὺς
εἰς τὴν Περσικὴν φυγὼν ἐπιστολὴν ἔπεμψε πρὸς
Ἀρταξέρξην τὸν Ξέρξου υἱόν, νεωστὶ βασιλεύσαντα,
10 ἐν ᾗ τοιάδε ἔγραψεν· Θεμιστοκλῆς ἥκω πρὸς τοὺς
Πέρσας, ὃς πλεῖστα μὲν αὐτοὺς ἔβλαψα, πολὺ δ' ἔτι
πλέονα νῦν ὠφελεῖν ἐθέλω. βούλομαι δ' ἐνιαυτὸν
μὲν μένειν, ἔπειτα περὶ ὧν ἥκω δηλῶσαι. μετὰ δ'
ἐνιαυτὸν παρὰ τὸν βασιλέα ἀφικόμενος τὰ μέγιστα
15 ὑπ' αὐτοῦ ἐτιμήθη καὶ τῆς Μαγνησίας ἐτυράννευσεν,
οὐδὲν μέντοι ὧν ἔφασκε πράξας δι' ὀλίγων ἐτῶν
ἐτελεύτησεν.

39

ımmar.

Liquid Verbs: pp. 158, 160, 161.

Comparison of ἀγαθός, κακός, καλός: p. 113.

CIMON AND PERICLES

Ἐπεὶ δ' ἐτελεύτησαν ἤδη ὅ τε Θεμιστοκλῆς καὶ
πολὺ ὕστερον ὁ Ἀριστείδης, Κίμων ὁ Μιλτιάδου
ἂν μεγίστην ἐκτήσατο ἐν ταῖς Ἀθήναις, ἀνὴρ
'των τῶν τότε ἄριστος καὶ εὐγενέστατος· ὃν
τοι οὐ πολὺ ἐτίμα ὁ δῆμος, ἐπεὶ τῶν τ' εὐπατριδῶν 5
καὶ περὶ πλείστου ἐποιεῖτο τὴν τῶν Ἀθηναίων
Λακεδαιμονίων φιλίαν ἀεὶ μένειν, ὥστε καὶ τοὺς
ηναίους ἔπεισε στρατιὰν στείλαντας βοηθῆσαι
οἷς ὅτε οἱ δοῦλοι ἐστασίαζον. τὸ γὰρ κάλλιστον
'των ἐζήτει πολιτευόμενος, ὅπως ἐπ' ἴσοις συμ- 10
'ίαν ποιοῖντο, οἱ μὲν Ἀθηναῖοι κατὰ θάλατταν,
ϸὲ Λακεδαιμόνιοι κατὰ γῆν ἰσχύοντες· ἐπεὶ δ'
ϝτέροις ἤρεσκεν, μείζονα ἀεὶ δύναμιν ἐκτήσαντο
Ἐφιάλτης καὶ ὁ Περικλῆς, οἳ τά τ' ἄλλα ὑπὲρ
δήμου μᾶλλον ἐπολιτεύοντο καὶ τὴν δύναμιν, ἣν 15
τερον ἡ ἐν Ἀρείῳ πάγῳ βουλὴ εἶχε, τῷ δήμῳ
μαν. καὶ τὸν μὲν Ἐφιάλτην τῶν τοῦ Κίμωνος
ὠν τις δι' ὀργὴν ἔκτεινεν, ὁ δὲ Περικλῆς πόλλ' ἔτη
ιμῖν τε μεγίστην εἶχεν ἐν τῇ πόλει καὶ μάλισθ'
τοῦ δήμου ἐτιμᾶτο, οὗ καὶ προστάτης ἐκαλεῖτο. 20

40

Grammar.

Rules for Augment in Compound Verbs: p. 138.

ATHENS AT HER ZENITH (451 B.C.)

Καὶ οὐ πολὺ ὕστερον τὰ τῶν συμμάχων χρήματα
τὰ πρότερον ἐν τῇ Δήλῳ σωθέντα εἰς τὰς Ἀθήνας
μετεκινήθη, ὥστ' ἐντεῦθεν οἱ σύμμαχοι οὐκέτι εἰς
τὸ κοινὸν ἀγαθὸν συμβάλλεσθαι, μᾶλλον δὲ τοῖς
5 Ἀθηναίοις φόρον φέρειν ἐφαίνοντο. ἅμα δὲ τὰ
μακρὰ τείχη ᾠκοδόμησαν ἀπὸ τῆς πόλεως εἰς τὸν
λιμένα, ὥστ' ἀδύνατον ἦν ἤδη κατὰ γῆν τοῖς
Ἀθηναίοις προσβαλεῖν. ἔπειτα συμμαχίαν πρὸς
τοὺς Μεγαρέας ποιησαμένοις καὶ τῶν ἐκεῖ ὁρῶν
10 κρατήσασιν ἐξῆν αὐτοῖς κωλύειν τοὺς Λακεδαιμονίους
εἰς τὴν Ἀττικὴν εἰσβάλλειν. καὶ δὴ καὶ τούς τε
Βοιωτοὺς καὶ τοὺς Λακεδαιμονίους τοὺς βοηθήσαντας
αὐτοῖς νικήσαντες τὰς τῶν ὀλίγων ἀρχὰς ἐν τῇ
Βοιωτίᾳ κατέλυσαν. δημοκρατούμεναι οὖν ἤδη αἱ
15 ἐκεῖ πόλεις συμμαχίαν ἐποιήσαντο πρὸς τοὺς
Ἀθηναίους. καὶ οὐ διὰ πολλοῦ κατὰ γῆν θ' ἅμα
καὶ κατὰ θάλατταν ἰσχύοντες σπονδὰς ἐποιήσαντο
τοῖς Λακεδαιμονίοις, δύναμιν τότ' ἔχοντες τοσήνδ'
ὅσην αὖθις ἔχειν οὐκ ἔμελλον.

41

Grammar.

Rules for Formation and Comparison of Adverbs:
p. 114.
The 'Attic' Declension: p. 101.

THE PELOPONNESIAN WAR (431 B.C.)

Οὐ μέντοι συχνὸν χρόνον ἔμελλον οἱ Ἀθηναῖοι
κατὰ γῆν τῶν ἄλλων πόλεων προὔχειν. πρῶτον
μὲν γὰρ οἱ Βοιωτοὶ ἀπόστασιν ἐποιήσαντο τῆς
συμμαχίας, ἔπειτα καὶ οἱ Μεγαρῆς, οἷς ἐβοήθουν
οἱ Λακεδαιμόνιοι. ἀναγκασθέντες οὖν εἰρήνην 5
ποιεῖσθαι πρὸς αὐτοὺς καὶ τοῦ πρὸς τοὺς Πέρσας
πολέμου ἤδη παυσάμενοι, τοῖς οἴκοι πράγμασι
προσεῖχον τὸν νοῦν, τήν τε πόλιν ἀγάλμασι καὶ
νεῷς καλλίστοις ἐκόσμησαν. ἅμα δὲ πρὸς τὴν
ἐμπορίαν μᾶλλον ἐτρέποντο, ὥστε τοῖς Μεγαρεῦσι 10
καὶ τοῖς Κορινθίοις εἰς ἅμιλλαν ἀφίκοντο. τοὺς μὲν
οὖν Μεγαρέας ἐψηφίσαντο εἴργειν τῆς τ᾽ ἀγορᾶς καὶ
πάντων τῶν ἐν τῇ ἀρχῇ λιμένων, βουλόμενοι ἅμα
τιμωρεῖσθαι αὐτοὺς διὰ τὴν ἀπόστασιν· ὕστερον
δὲ τοῖς Κερκυραίοις πρὸς τοὺς Κορινθίους μαχομένοις 15
συμμαχίαν ἐποιήσαντο. τοῖς δὲ Λακεδαιμονίοις,
φοβουμένοις μὴ μεῖζον ἔτι ἰσχύοιεν οἱ Ἀθηναῖοι,
ἔδοξε πόλεμον αὐτοῖς ἐπιφέρειν.

42

Grammar.

Active of τίθημι: pp. 166, 167.

The Pronoun ἐγώ: p. 115.

THE POLICY OF PERICLES

Οἱ μὲν οὖν Ἀθηναῖοι, ἐπεὶ τῷ μὲν ναυτικῷ ἴσχυον
πεζῇ δ' ἀσθενέστεροι ἦσαν τῶν Λακεδαιμονίων, ὑπὸ
τοῦ Περικλέους πεισθέντες πάντα ἐκ τῶν ἀγρῶν
εἰσκομισάμενοι ἐντὸς τῶν τειχῶν ἔθεσαν καὶ τὴν
5 γῆν τέμνειν εἴασαν τοὺς πολεμίους, οἷς οὔθ' αἱρεῖν
τὴν πόλιν ἐξῆν ὡς οὕτως εὖ τετειχισμένην οὔτ'
ἐκπολιορκεῖν αὐτοὺς ἐπεὶ σῖτον ἐν ταῖς ναυσὶν
εἰσεκομίζοντο, ναῦς δὲ στείλαντες τὴν τῶν Πελοπον-
νησίων γῆν ἔτεμον. ὕστερον δὲ διὰ τὸ τοσόνδε
10 πλῆθος τὸ ἐν τῇ πόλει πολλοὶ διὰ νόσον ἐτελεύτησαν.
οἱ δὲ Λακεδαιμόνιοι κατ' ἐνιαυτὸν εἰς τὴν Ἀττικὴν
εἰσβαλόντες ἔτεμνον. καὶ ἐν τῇ πρώτῃ εἰσβολῇ
ἐστρατήγει αὐτῶν Ἀρχίδαμος ὁ τῶν Λακεδαιμονίων
βασιλεύς, ὃς φίλος ἦν τῷ Περικλεῖ καὶ τοὺς ἀγροὺς
15 αὐτοῦ οὐκ ἔτεμνεν. ἐπεὶ δ' οἱ Ἀθηναῖοι ἐν ὑποψίᾳ
εἶχον αὐτόν, τοιάδε ἐν τῇ ἐκκλησίᾳ ἔλεξεν· Ἀρχί-
δαμος μέν μοι φίλος ἐστίν, οὐ μέντοι ἐπὶ κακῷ γε
τῆς πόλεως, τοὺς δ' ἀγροὺς καὶ τὰς οἰκίας εἰ ἄρα μὴ
τέμνουσιν οἱ πολέμιοι, ἀφίημι αὐτὰ δημόσια εἶναι,
20 ἵνα μὴ ὑποψία περὶ ἐμοῦ ᾖ ἐν τῷ δήμῳ.

43

Grammar.

Middle and passive of τίθημι : pp. 168, 169

MYTILENE (487 B.C.)

Ἐν δὲ τοῖς τῶν Ἀθηναίων ὑπηκόοις μικρά τις νῆσος ἦν, Λέσβος ὀνόματι, ἐν ᾗ πέντε πόλεις ἦσαν ὧν ἡ Μυτιλήνη μεγίστη ἦν, οὐ δημοκρατουμένη ἀλλ' ὑπὸ τῶν ὀλίγων ἀρχομένη. οἱ δὲ Μυτιληναῖοι ἐπιβουλεύσαντες τοῖς Ἀθηναίοις καὶ πάντα εἰς πόλεμον 5 παρασκευάσαντες ἀπόστασιν ἐποιήσαντο ἀπ' αὐτῶν. ἐπεὶ δ' οἱ Ἀθηναῖοι ναῦς στείλαντες ἐπολιόρκησαν αὐτούς, τὸ πλῆθος οὐκέτ' ἤθελε πείθεσθαι τοῖς ὀλίγοις, ὥστε συνθέσθαι ἠναγκάσθησαν τοῖς πολιορκοῦσιν, ἐφ' ᾧ μηδένα φονεύειν τῶν Μυτιληναίων 10 ἐᾶν δ' αὐτοὺς πρεσβευτὰς πέμπειν πρὸς τὰς Ἀθήνας ὑπὲρ ἑαυτῶν λέξοντας. τοῖς δ' Ἀθηναίοις, πεισθεῖσιν ὑπὸ Κλέωνος (ὃς μετὰ τὸν Περικλέα προστάτης ἦν τοῦ δήμου) ἔδοξε τοὺς μὲν ἄνδρας φονεύειν τὰς δὲ γυναῖκας καὶ τὰ παιδία δουλῶσαι. ἔπεμψαν 15 οὖν ναῦν ἐπὶ τὴν Μυτιλήνην, κελεύοντες τὸν ἐκεῖ στρατηγοῦντα εὐθὺς πάντας τοὺς Μυτιληναίους φονεύειν.

Grammar.

44

Active of ἵστημι : pp. 172, 173.
The Pronoun σύ : p. 115.

MYTILENE (*continued*)

Τῇ δ' ὑστεραίᾳ μετάνοιά τις εὐθὺς ἦν αὐτοῖς καὶ
δεινὸν ἐφαίνετο μὴ μόνον τοὺς αἰτίους ἀλλὰ πάντας
φονεύειν. τῶν οὖν Μυτιληναίων οἱ πρεσβευταὶ καὶ
οἱ τῶν Ἀθηναίων συμπράττοντες αὐτοῖς ἔπεισαν
5 τοὺς ἐν ἀρχῇ αὖθις ἐὰν περὶ τοῦ πράγματος βουλεύ-
εσθαι. ἔπειτα ὁ Κλέων, Κολάζετε αὐτούς, ἔφη, ἀξίως
τῆς ἀδικίας καὶ μὴ τοὺς μὲν αἰτίους τιμωρήσησθε
τοὺς δ' ἄλλους ἀφῆτε. πάντες γὰρ ἀφ' ὑμῶν
ἀπέστησαν, οἷς ἐξῆν πρὸς ἡμᾶς τρεπομένοις σωθῆναι.
10 πεισθέντες μέντοι ὑπὸ Διοδότου τινὸς ἄλλην ναῦν
ἔπεμψαν διὰ τάχους ἵνα ἡ προτέρα μὴ φθάνοι
ἀφικομένη. ἐπεὶ δ' οἱ τῶν Μυτιληναίων πρεσβευταὶ
μεγάλα ὑπέσχοντο εἰ φθάνοιεν, οἱ ἐν τῇ νηὶ ἤσθιόν
τε ἅμα ἐλαύνοντες καὶ οἱ μὲν ὕπνον ᾑροῦντο κατὰ
15 μέρος οἱ δ' ἤλαυνον, ὥστε ἡ μὲν προτέρα ναῦς ἔφθα-
σεν ἀφικομένη ἡ δὲ δευτέρα ἐκώλυσε τὸν στρατηγὸν
ποιεῖν ὃ οἱ Ἀθηναῖοι ἐκέλευσαν.

45

Grammar.

Middle and passive of ἵστημι : pp. 174, 175.

SPHACTERIA (425 B.C.)

Στρατηγός τις τῶν Ἀθηναίων, Δημοσθένης
ὀνόματι, εἰς Πύλον, λιμένα τῶν Μεσσηνίων, χειμῶνι
ἀναγκασθεὶς κατάγειν τὰς ναῦς, ἐντεῦθεν ὁρμώμενος
ἔτεμνε τὴν γῆν. οἱ μὲν οὖν Λακεδαιμόνιοι ναῦς
πέμψαντες ἐπολιόρκησαν αὐτούς, ἅμα δ᾽ ἀπόβασιν 5
ἐποιήσαντο εἰς μικράν τινα νῆσον, Σφακτηρίαν
καλουμένην, ἣ οὐ πολὺ ἀπεῖχεν, ἵνα τοὺς Ἀθηναίους
κωλύσειαν βοηθεῖν. οἱ δ᾽ Ἀθηναῖοι ναυσὶ κρατή-
σαντες τῶν Λακεδαιμονίων τοὺς ἐν τῇ νήσῳ συχνὸν
χρόνον ἐπολιόρκουν, ἐκπολιορκεῖν μέντοι οὐκ ἐδύ- 10
ναντο· οἱ γὰρ ἔφοροι μεγάλα ὑπέσχοντο εἴ τις σῖτον
εἰς αὐτοὺς φέροι τοὺς πολιορκοῦντας λανθάνων.
ἐν δὲ ταῖς Ἀθήναις ὁ Κλέων σφόδρα ᾐτιάσατο τοὺς
στρατηγοὺς ὅτι αἱρεῖν τὸ χωρίον οὐ δύνανται· Αὐτὸς
γάρ, ἔφη, ῥᾳδίως αἱρεῖν δύναμαι. 15

46

Grammar.

Active of δίδωμι : pp. 176, 177.

SPHACTERIA (continued)

Ὁ δὲ Νικίας, εἷς τῶν στρατηγῶν, ἐκέλευεν αὐτὸν
ἣν βούλεται δύναμιν ἔχοντα πειρᾶσθαι. ἐπεὶ δ᾽ ὁ
Κλέων, Οὐκ αὐτός, ἔφη, ἀλλὰ σὺ στρατηγεῖς, αὖθις
ἐκέλευεν ὁ Νικίας καὶ ἐξίστατο τῆς ἀρχῆς. ὁ δὲ
5 δῆμος, ὡς ὄχλος φιλεῖ, ὅσῳ μᾶλλον ὁ Κλέων οὐκ
ἤθελε, τοσῷδε μᾶλλον ἐκέλευε τὸν μὲν Νικίαν παρα-
διδόναι τὴν ἀρχήν, τὸν δὲ Κλέωνα τὴν πεῖραν
ποιεῖσθαι. ὥστ᾽ οὐκέτι δυνάμενος τῶν λόγων
ὑπεκχωρεῖν, Οὔτε φοβοῦμαι, ἔφη, τοὺς Λακεδαι-
10 μονίους, ὀλίγους τ᾽ ἔχων στρατιώτας πρὸς τοῖς ἐν
Πύλῳ ἐντὸς ἡμερῶν εἴκοσιν αἱρήσω τὸ χωρίον. τοῖς
δὲ σωφρονεστέροις τῶν Ἀθηναίων ἡδὺ ἦν τὸ πρᾶγμα,
ὡς μέλλουσι δυοῖν ἀγαθοῖν τοῦ ἑτέρου τυγχάνειν,
ἢ Κλέωνος ἀπαλλάττεσθαι, ὃ μᾶλλον ἤλπιζον, ἢ
15 τοὺς Λακεδαιμονίους νικῆσαι. ἐποίησε δ᾽ ὁ Κλέων
ὃ πᾶσιν ἀδύνατον ἐφαίνετο· αὐτός τε γὰρ ἐσώθη
καὶ τοὺς Λακεδαιμονίους νικήσας αἰχμαλώτους εἰς
Ἀθήνας ἤγαγεν.

47

Grammar.

Middle and Passive of δίδωμι: pp. 178, 179.

THE BATTLE OF AMPHIPOLIS (422 B.C.)

Μετὰ δὲ τὴν νίκην εἰς τοσόνδε ἐθάρρησεν ἤδη ὁ
Κλέων ὥστ' οὐδὲν αὐτῷ ἀδύνατον ἐφαίνετο· ἐστρα-
τεύσατο οὖν εἰς τὴν Θρᾴκην (ὅπου ὁ Βρασίδας,
στρατηγὸς πάντων τῶν τότε ἐμπειρότατος, οὕτως
ηὐτύχει ὥστε ἄλλαι τε πολλαὶ πόλεις παρεδόθησαν 5
αὐτῷ καὶ ᾿Αμφίπολις, ἀποικία τῶν ᾿Αθηναίων). καὶ
πρεσβευτὰς πέμψας εἰς τοὺς συμμάχους αὐτὸς
ἡσύχαζεν· ὁ δὲ Βρασίδας καὶ αὐτὸς ἡσύχαζεν ἐν
χωρίῳ ὃ οὐ πολὺ ἀπεῖχεν ἀπὸ τῆς ᾿Αμφιπόλεως, ἅμα
δὲ μεγάλην στρατιὰν παρεσκευάζετο. καὶ οὐ διὰ 10
πολλοῦ ὁ Κλέων ἠναγκάσθη ποιῆσαι ὅπερ ὁ Βρασίδας
προσεδέχετο· ἐπεὶ γὰρ οἱ στρατιῶται χαλεπῶς
ἔφερον τὴν ἕδραν, ἐπὶ τοὺς πολεμίους ἦγεν αὐτούς,
τοὺς συμμάχους οὐ περιμένων καὶ τῷ τρόπῳ ᾧπερ
καὶ εἰς τὸν Πύλον ηὐτύχησε πιστεύων. ὁ δὲ 15
Βρασίδας εἰς τὴν πόλιν ἦγε τοὺς στρατιώτας καὶ
ἐντεῦθεν ὁρμηθεὶς τοῖς τ' ᾿Αθηναίοις παρὰ τὰς πύλας
ἀποχωροῦσι καὶ οὔπω εἰς μάχην τεταγμένοις προσ-
βαλὼν ἐνίκησεν. καὶ ἐν τῇ μάχῃ ὅ τε Κλέων καὶ
ὁ Βρασίδας ἀποθνήσκουσιν 20

48

Grammar.

The Verb δείκνυμι: p. 171.

THE SICILIAN EXPEDITION (415 B.C.)

Ἐπεὶ δ᾽ ὁ Βρασίδας καὶ ὁ Κλέων ἐτελεύτησαν οἱ
Ἀθηναῖοι σπονδὰς ποιησάμενοι πρὸς τοὺς Λακε-
δαιμονίους ὀλίγα ἔτη ἡσύχαζον. ἔπειτα πρεσβευταὶ
εἰς Ἀθήνας ἐπέμφθησαν ἐκ τῆς Σικελίας ὑπὸ τῶν
5 Ἐγεσταίων, ἵνα συμμαχίας τῶν Ἀθηναίων δέοιντο
ἐπὶ τοὺς Συρακοσίους πρὸς οὓς τότε ἐπολέμουν.
ἔδοξεν οὖν τοῖς Ἀθηναίοις πρεσβευτὰς πέμπειν
πρὸς τὴν Σικελίαν· ἐπεὶ δ᾽ ἀφίκοντο, οἱ Ἐγεσταῖοι
χρυσὸν τοσόνδε αὐτοῖς ἐπέδειξαν ὥστε πλουσιωτάτη
10 ἐφαίνετο ἡ πόλις. τοιόνδε γὰρ ἐμηχανήσαντο, ἵνα
τοὺς πρεσβευτὰς ἐξαπατήσειαν· εἴς τ᾽ ἱερὸν ἀγα-
γόντες αὐτοὺς ἐπέδειξαν τὰ ἀναθήματα ἃ πλεῖστα
μὲν ἐφαίνετο ἀργυρᾶ δ᾽ ἦν καὶ οὐ πολλοῦ ἄξια, καὶ
ἰδίᾳ ξενίσεις ποιούμενοι τά τε ἐξ αὐτῆς Ἐγέστης ἐκ-
15 πώματα καὶ χρυσᾶ καὶ ἀργυρᾶ καὶ τὰ ἐκ τῶν ἐγγὺς
πόλεων συλλέξαντες εἰς τὰς ξενίσεις ὡς οἰκεῖα
ἐπέφερον ἕκαστοι.

49

Grammar.

Full Conjugation of εἰμί : pp. 180, 181.

THE SICILIAN EXPEDITION (*continued*)

Ἐπεὶ δ᾽ οἱ πρεσβευταὶ οὕτως ἐξαπατηθέντες
ἤγγειλαν ὅτι πλούσιοι εἶεν οἱ Ἐγεσταῖοι καὶ
χρήματα πορίζειν τοῖς βοηθοῦσιν ἱκανοί, ἐψηφί-
σαντο οἱ Ἀθηναῖοι ναῦς ἑξήκοντα πέμπειν εἰς Σικε-
λίαν καὶ στρατηγοὺς Ἀλκιβιάδην τε καὶ Νικίαν καὶ 5
Λάμαχον. καὶ ὁ μὲν Νικίας σφόδρα ἔπειθε μὴ
βοηθεῖν τοῖς Ἐγεσταίοις, ὁ δ᾽ Ἀλκιβιάδης, τῷ τε
Νικίᾳ ἐχθρὸς ὢν καὶ ἐπιθυμῶν αὐτὸς στρατηγῆσαι,
ἔπεισε μὴ λύειν ἃ πρότερον ἔδοξεν· ἐπεὶ δ᾽ ὁ
Νικίας, ἵνα ἔτι καὶ νῦν κωλύοι, εἰ δύναιτο, τὸν 10
κίνδυνον κινδυνεύειν, πολλὰ ἔλεγε περὶ τοῦ πράγ-
ματος, ὡς χαλεπόν τ᾽ εἴη καὶ ἀδύνατον πρᾶξαι εἰ
μὴ στρατιὰν ἔχοντες πολλῷ μείζονα πασῶν τῶν
προτέρων πλέοιεν, πολὺ μᾶλλον ὥρμηντο, καὶ
ἐψηφίσαντο καὶ περὶ στρατιᾶς πλήθους καὶ περὶ 15
παντὸς τοῦ πλοῦ τοὺς στρατηγοὺς πράττειν ὃ ἂν
αὐτοῖς δόξῃ ἄριστον·

50

Grammar.

The Verb εἰμι : p. 182.

N.B.—The Verb ἔρχομαι is only used in the Present
Indicative in Attic : thus the Paradigms of
' I come,' ' I go,' in common use are as follows :

Present—ἔρχομαι, ᾖα, ἴω, ἴοιμι, ἴθι, ἰέναι, ἰών.

Future—εἶμι, ἴοιμι, ἰέναι, ἰών.

Aorist—ἦλθον, ἔλθω, ἔλθοιμι, ἐλθέ, ἐλθεῖν, ἐλθών.

THE MUTILATION OF THE HERMAE (415 B.C.)

Πρὶν δ᾽ ἀπελθεῖν τὴν στρατιὰν τῶν Ἑρμῶν αἱ ἐν
τῇ πόλει τῇ Ἀθηναίων ἦσαν μιᾷ νυκτὶ περιεκόπη τὰ
πρόσωπα. καὶ τοὺς ποιήσαντας οὐδεὶς ἠπίστατο,
ἐψηφίσαντο δὲ μηνύειν ἀδεῶς τὸν βουλόμενον καὶ
5 πολιτῶν καὶ ξένων καὶ δούλων, μεγάλα ὑποσχόμενοι
εἴ τις μηνύσειεν. δεινὸν γὰρ ἐδόκει τὸ πρᾶγμα καὶ
τοῦ πλοῦ οἰωνός. καὶ περὶ μὲν τῶν Ἑρμῶν οὐδὲν
μηνύεται, ἔλεγον δέ τινες ὅτι ἄλλα ἀγάλματα
πρότερον περιεκόπη ὑπὸ νεωτέρων τινῶν καὶ τὸν
10 Ἀλκιβιάδην ᾐτιῶντο. καὶ ὁ μὲν ἤθελε πρὶν πλεῦσαι
κρίνεσθαι, οἱ δὲ ἐχθροὶ αὐτοῦ φοβούμενοι μὴ τοὺς
στρατιώτας φίλους ἑαυτῷ ἔχοι εὐθὺς πλεῖν ἐκέλευ-
σαν, ὕστερον δὲ μετεπέμψαντο ἵνα κρίνοιτο.

51

Grammar.

The Pronoun οὗτος : p. 118.

*Rule.—*οὗτος, 'this,' *and* ἐκεῖνος 'that,' *when used with nouns, require the article.*

> *E.g.* These mountains.
>
> ταῦτα τὰ ὄρη.
>
> *or* τὰ ὄρη ταῦτα.

THE DISASTER IN SICILY (413 B.C.)

Ὁ δ' Ἀλκιβιάδης, ἐπεὶ οἱ ἐχθροὶ μετεπέμψαντο,
τοὺς οἴκαδε ἄγοντας ἔλαθε φυγών· καὶ πρὸς τὴν
Σπάρτην ἀφικόμενος ἄλλα τε παρῄνει τοῖς Λακεδαι-
μονίοις καὶ στρατιάν τ' εἰς τὴν Σικελίαν πέμπειν
καὶ στρατηγὸν τῶν Λακεδαιμονίων ἵνα τοῖς Συρα- 5
κοσίοις βοηθοίη. ἔπεμψαν οὖν τὸν Γύλιππον,
ὀλίγην στρατιὰν ἔχοντα. ἐν δὲ τούτῳ ὁ Νικίας τοὺς
Συρακοσίους εἰς τὴν πόλιν συγκλῄσας ἐπολιόρκει·
ὁ δὲ Γύλιππος εὑρὼν τὴν πόλιν οὔπω περιτετειχισ-
μένην καὶ πλέονας στρατιώτας ἐν τῇ Σικελίᾳ 10
συλλέξας ἄλλο τεῖχος ᾠκοδόμησεν, ὥστε ἀδύνατον
ἦν τοῖς Ἀθηναίοις περιτειχίζειν αὐτήν, καὶ οὐ διὰ
πολλοῦ ἀριθμῷ περιῆν τῶν εἰσβαλόντων. οἱ δ'

'Αθηναῖοι, καίπερ μέλλοντες ἤδη πρὸς τοὺς Λακεδαι-
15 μονίους αὖθις πολεμεῖν, εἰς τοσόνδε ἐθάρρουν ὥστε
τὸν Δημοσθένη, τῶν στρατηγῶν ἐμπειρότατον ὄντα,
ἐψηφίσαντο πέμπειν, ἄλλην στρατιὰν ἔχοντα τῆς
προτέρας οὐχ ἥττονα. ὅμως δὲ ἐνικήθησαν οἱ
'Αθηναῖοι καὶ κατὰ γῆν καὶ κατὰ θάλατταν, ὥστ'
20 ὀλίγοι ἀπὸ πολλῶν οἴκαδε ἐπανῆλθον, ἀποθνήσκουσι
δὲ καὶ ὁ Νικίας καὶ ὁ Δημοσθένης. αὕτη δὲ ἡ
συμφορὰ πασῶν μεγίστη ἦν τῶν ἐν τούτῳ τῷ
πολέμῳ.

52

Grammar.

The Pronoun ἐκεῖνος: p. 118.

THE OLIGARCHIC REVOLUTION (411 B.C.)

Ὁ δ' Ἀλκιβιάδης, ἐπεὶ οὐκέτι ἐπίστευον αὐτῷ οἱ
Λακεδαιμόνιοι, ἐκ τῆς Σπάρτης ἀπελθὼν παρὰ τὸν
Τισσαφέρνην ἀφίκετο, σατράπην τινὰ τῶν Περσῶν,
πρὸς ὃν οἱ Λακεδαιμόνιοι συμμαχίαν ἐποιήσαντο,
καὶ πολλὰ αὐτῷ καὶ σύμφορα παρῄνει. βουλόμενος 5
δ' εἰς τὰς Ἀθήνας ἐπανελθεῖν πρὸς τοὺς ὀλίγους
ἔπραττεν ὡς καταλύσων τὴν δημοκρατίαν, ἄλλους
τε καὶ τὸν Πείσανδρον. καὶ οἱ μὲν συνθέσθαι οὐκ
ἐδύναντο, ἐν δ' Ἀθήναις οἱ ὀλίγοι τήν τε δημοκρατίαν
κατέλυσαν καὶ ἄλλην πολιτείαν κατέστησαν. ἔδοξε 10
δὲ αἱρεῖσθαι πέντε ἄνδρας, τούτους δὲ αἱρεῖσθαι
ἑκατὸν ἄνδρας, καὶ τῶν ἑκατὸν ἕκαστον τρεῖς,
ἐλθόντας δ' ἐκείνους, τετρακοσίους ὄντας, εἰς τὸ
βουλευτήριον ἄρχειν ὡς ἂν ἄριστα ἑαυτοῖς δοκῇ,
ἅμα δὲ πεντακισχιλίους τῶν πολιτῶν συλλέγειν οἷς 15
μόνοις ἔξεσται περὶ τῶν πραγμάτων ἐν ἐκκλησίᾳ
βουλευομένοις ψηφίζεσθαι. ἀλλ' ἐντὸς ἑνὸς ἐνιαυτοῦ ὁ
Θρασύβουλος καὶ ὁ Θράσυλλος τήν τε νέαν πολιτείαν
κατέλυσαν καὶ τὴν δημοκρατίαν αὖθις κατέστησαν.
ἅμα δὲ τὸν Ἀλκιβιάδην εἰς τὴν πόλιν κατῆγον, ἵνα 20
τὸν Τισσαφέρνην πείσειε τὴν τῶν Λακεδαιμονίων
συμμαχίαν ἀφιέναι.

53

N.B.—ἀποθνήσκω is used as the passive of ἀποκτείνω.

He was killed by his brother.

ἀπέθανεν ὑπὸ τοῦ ἀδελφοῦ.

THE BATTLE OF ARGINUSAE (406 B.C.)

Ὕστερον δ' οὐ πολλοῖς ἔτεσιν ἐναυμάχησαν οἱ
Ἀθηναῖοι καὶ οἱ Λακεδαιμόνιοι πρὸς Ἀργινούσαις,
νήσοις τισὶ μικραῖς οὐ πολὺ τῆς Λέσβου ἀπεχούσαις.
καὶ οἱ Ἀθηναῖοι ἐνίκησαν, χειμὼν δὲ μέγας γενό-
5 μενος ἐκώλυσε τοὺς στρατηγοὺς πλεῖν ἐπὶ ναῦς
τινας ἑαυτῶν ἃς οἱ πολέμιοι κατέδυσαν καὶ τοὺς ἐν
αὐταῖς ἄνδρας σῴζειν. μετὰ δὲ ταῦτα ἐκκλησία
ἐγένετο ἐν ᾗ ἄλλοι τε καὶ Θηραμένης μάλιστα
ἠτιῶντο αὐτοὺς ὅτι οὐκ ἔσωσαν. οἱ δὲ στρατηγοὶ
10 ἀπελογήσαντο ὅτι αὐτοὶ μὲν ἐπὶ τοὺς πολεμίους
πλεύσειαν, Θηραμένη δ' ἐκέλευσαν σῴζειν ἐκείνους.
Εἰ οὖν, ἔφασαν, δεῖ τινα αἰτιᾶσθαι περὶ τοῦ
πράγματος, οὐδεὶς ἄλλος αἴτιός ἐστιν εἰ μὴ οὗτος·
οὐ μέντοι αὐτοὶ αἰτιώμεθα αὐτόν, ἐπεὶ τῷ χειμῶνι
15 ἐκωλύθη. ὅμως δ' ἐψηφίσαντο πάντας ἀποκτείνειν.
καὶ ἐξ μὲν ἀπέθανον, οἱ δ' ἄλλοι οἱ οὐ τότε παρόντες
ἐν τῇ πόλει ἐξέφυγον. ὁ γὰρ δῆμος ὕστερον τῆς
ὀργῆς παυσάμενος καὶ τοὺς κατηγόρους ἠτιάσατο
ὡς τὸν δῆμον ἐξαπατήσαντας.

54

Grammar.

αὐτός immediately preceded by the Article
= *Latin* idem, *the same* : p. 118.

The same man said this.

ὁ αὐτὸς ἀνὴρ εἶπε τοῦτο.

THE BATTLE OF AEGOSPOTAMI (405 B.C.)

Τῷ δ' ἐπιγιγνομένῳ ἔτει αἱ τῶν Ἀθηναίων νῆες
ἐν χώρᾳ ἐρήμῳ ὥρμουν πρὸς τοῖς Αἰγὸς ποταμοῖς
καλουμένοις· τὸν δὲ σῖτον ἐκ πόλεως ἑκκαίδεκα
στάδια ἀπεχούσης εἰσεκομίζοντο. καὶ πρῲ τῆς
ἡμέρας τὰς ναῦς ἔταξαν ἐν τῷ λιμένι ὡς ναυμαχή- 5
σοντες, ἐπεὶ δ' ὁ Λύσανδρος, ὃς τῶν Λακεδαιμονίων
ἐστρατήγει, οὐκ ἤγαγεν ἐπ' αὐτοὺς τὰς ναῦς, αὖθις
εἰς τοὺς Αἰγὸς ποταμοὺς ἔπλευσαν. καὶ τέτταρας
ἡμέρας τὸ αὐτὸ ἐποίουν ἑκάτεροι. ὁ δὲ Ἀλκιβιάδης,
ὃς οὐκέτι ἐστρατήγει, ἔπειθε τοὺς στρατηγοὺς εἰς 10
ἄλλο χωρίον ἀπελθεῖν, οἱ δὲ σιγᾶν αὐτὸν ἐκέλευ-
σαν, ὡς οὐκέτι στρατηγοῦντα. τῇ δ' ὑστεραίᾳ ὁ
Λύσανδρος προσέβαλεν αὐτοῖς ἀμελοῦσιν ἤδη καὶ
προσβολὴν οὐ προσδεχομένοις καὶ ῥᾳδίως ἐνίκησεν.

55

Grammar.

The Verbs ὁρῶ, λαμβάνω.

THE SURRENDER OF ATHENS (404 B.C.)

Μετὰ δὲ ταῦτα Ἆγις ὁ τῶν Λακεδαιμονίων
βασιλεὺς πολλὴν στρατιὰν λαβὼν ἐπολιόρκησε τὰς
Ἀθήνας καὶ ὁ Λύσανδρος ναῦς ἔχων πεντήκοντα καὶ
ἑκατὸν ὥρμει πρὸς τὸν Πειραιᾶ. οἱ δ᾽ Ἀθηναῖοι
5 πολιορκούμενοι κατὰ γῆν καὶ κατὰ θάλατταν καὶ
ἀποροῦντες τί δεῖ ποιεῖν πρεσβευτὰς ἔπεμψαν
βουλόμενοι σύμμαχοι εἶναι τῶν Λακεδαιμονίων
ἔχοντες τὰ τείχη καὶ τὸν Πειραιᾶ καὶ ἐπὶ τούτοις
συνθέσθαι. οἱ δ᾽ οὐκ ἤθελον. μετὰ δὲ ταῦτα τὸν
10 Θηραμένη πρεσβευτὴν εἰς Λακεδαίμονα ἔπεμψαν.
οἱ δ᾽ ἔφοροι εἶπον ὅτι εἰρήνην ποιεῖσθαι ἐθέλοιεν
ἐφ᾽ ᾧ τὰ μακρὰ τείχη καὶ τὸν Πειραιᾶ καθαιρεῖν τάς
τε ναῦς πλὴν δώδεκα παραδοῦναι καὶ τοὺς αὐτοὺς
ἐχθροὺς καὶ φίλους νομίζοντας Λακεδαιμονίοις
15 ἕπεσθαι καὶ κατὰ γῆν καὶ κατὰ θάλατταν, ὅποι ἂν
ἡγῶνται. οἱ μὲν οὖν Ἀθηναῖοι ἰδόντες ὅτι οὐκέτ᾽
ἀντέχειν δύναιντο, ἐπὶ τούτοις συνέθεντο, οἱ δὲ
Λακεδαιμόνιοι καθήρουν τὰ τείχη ὑπ᾽ αὐλητρίδων,
λέγοντες ὅτι ἐκείνη ἡ ἡμέρα ἄρχει τῆς ἐλευθερίας τῇ
20 Ἑλλάδι.

SPECIAL VOCABULARIES

* Words marked with an asterisk cannot stand first in the sentence.

A

ὁ, ἡ, τό, the. [Often used where English would have a Possessive Pronoun, e.g. 'my,' 'his,' etc.]

ἀρετή, 1. *f.*, virtue, courage.

θηρεύω, I pursue.

τιμή, 1. *f.*, honour.

ἔχω, I have, hold.

διά (*with accusative*), owing to, on account of.

θύω, I sacrifice.

'Αθήνη, 1. *f.*, Athene.

θεά, 1. *f.*, goddess.

σοφία, 1. *f.*, wisdom.

γῆ, 1. *f.*, land.

ἐν (*with dative*), in, among.

B

βασιλεύω, I reign, am king.

'Αθῆναι, 1. (pl.) *f.*, Athens.

καί, and, also, even.

εὐσέβεια, 1. *f.*, piety.

δόξα, 1. *f.*, reputation.

C

μάλιστα, especially, most.

φυτεύω, I plant.

ἐλάα, 1. *f.*, olive-tree.

ἰσχύω, I am powerful.

πανταχοῦ, everywhere.

D

Κέκροψ, Cecrops.

θάλαττα, 1. *f.*, sea.

δέσποινα, 1. *f.*, mistress.

ἐστί(ν), is.

τέχνη, 1. *f.*, art.

E

ποτέ, once, once upon a time.

πολίτης, 1. *m.*, citizen.

Ποσειδῶν, Poseidon.

ἦν, was.

δεσπότης, 1. *m.*, lord, master.

71

F

παιδεύω, I train, teach.
ἅμιλλα, 1. f., contest.
περί (with genitive), about, concerning.
κριτής, 1. m., judge.
*τε ... καί, both ... and.
νέμω, I assign, (1) distribute, grant; (2) occupy, inhabit; (3) administer.
νίκη, 1. f., victory.

G

πρός, (with accusative), against, to, towards.
δίκη, 1. f., justice.

H

*μέν ... *δέ, on the one hand ... on the other hand.
*δέ, and, but.

1

οἰκιστής, 1. m., founder.
ἐπεί, since, when.
*γάρ, for.
ἐντεῦθεν, thenceforth.
*οὖν, therefore, accordingly.

2

στρατιώτης, 1. m., soldier.
τί; what?
διὰ τί; (on account of what?) why?
ὦ, Oh.
νεανίας, 1. m., young man.
οὐ (before a word beginning with a vowel with the soft breathing, οὐκ, with the rough breathing οὐχ), not.
ἀλλά, but.
μαθητής, 1. m., student, pupil.
μάχη, 1. f., battle, strife, quarrel.
ἀνδρεία, 1. f., bravery.
κατά (with accusative), according to; κατὰ θάλατταν, by sea.
ναύτης, 1. m., sailor.
ὅτι, because, that.
οὕτω (before a vowel οὕτως), thus, so.
εἰμί, I am.
δῆτα, indeed, certainly.

3

Μίνως, Minos.

* Words marked with an asterisk cannot stand first in the sentence.

Κρήτη, 1. f., Crete.

πολέμιος, 2. m., enemy.

'Αθηναῖος, 2. m., Athenian.

υἱός, 2. m., son.

φονεύω, I slay.

ἀθλητής, 1. m., athlete.

ξένος, 2. m., stranger, foreigner.

περιῆν (with genitive), was superior (to), defeated.

πέμπω, I send.

φόρος, 2. m., tribute.

φέρω, I bear; φόρον φέρω, I pay tribute.

ἑπτά, seven.

κόρη, 1. f., girl.

ἐνιαυτός, 2. m., year; κατ' ἐνιαυτόν, every year.

ὅτε, when.

λύω, I loose, set free, deliver; put an end to.

ἐκ (with genitive), from, out of.

πολιτεία, 1. f., commonwealth, constitution.

πρότερον, formerly.

δώδεκα, twelve.

κώμη, 1. f., village.

4

ἄνθρωπος, 2. m., man.

κωλύω, I prevent.

κίνδυνος, 2. m., danger.

ἀξίως, rightly, worthily.

πόλεμος, 2. m., war.

τήμερον, to-day.

θεός, 2. m., god.

μόνον (adverb), only.

ἅμα, at the same time.

5

Κόδρος, 2. m., Codrus.

Πελοποννήσιος, 2. m., Peloponnesian.

εἰς (with accusative), into, against.

στρατεύω, I go on an expedition.

λέγω, I say.

μαντεῖον, 2. n., oracle.

εἰ, if.

εὐθύς, at once, immediately.

βαδίζω, I go.

στρατόπεδον, 2. n., camp.

ὅπλον, 2. n., arm, weapon.

οὐδείς, no one; οὐδέν, nothing.

γιγνώσκω, I get to know, know, discover, recognise.

μετά, (with accusative), after.

6

Λακεδαιμόνιος, 2. m, Lacedaemonian.

Λυκοῦργος, 2. m., Lycurgus.

νόμος, 2. m., law.

θεραπεύω, I pay attention to, cultivate.

ἀεί, always.

πιστεύω (with dative), (1) I believe, rely on, trust; (2) entrust.

μανθάνω, I learn.

μετά (with genitive), with.

τέλος, at last.

διδασκαλεῖον, 2. n., school.

παιδίον, 2. n., child.

πολλάκις, often.

Σπάρτη, 1. f., Sparta.

φυλάττω, I guard, maintain, observe.

ὥσπερ, as if, as.

7

εὐπατρίδης, 1. m., noble.

ἀρχή, 1. f., rule.

στασιάζω, I engage in civil war, rebel.

χαλεπῶς, hardly, harshly; χαλεπῶς φέρω, I am distressed at, annoyed at.

πλούσιος, -α, -ον, rich.

ἀδικία, 1. f., injustice.

χαλεπός, -ή, -όν, grievous, oppressive, cruel.

ἄλλος, -η, -ο, other.

ὥστε, so that.

ὀλίγος, -η, -ον, small; (pl.) few.

ἀποικία, 1. f., colony.

κτίζω, I found.

ὁ μέν ... ὁ δέ ... one ... the other; οἱ μέν ... οἱ δέ, some ... others.

ἤπειρος, 2. f., mainland.

νῆσος, 2. f., island.

κελεύω, I order.

ἕκαστος, -η, -ον, each.

ὅπου, where.

ἄμπελος, 2. f., vine.

8

Μεσσήνιος, 2. m., Messenian.

ἡγεμονεύω, I lead, command (with genitive).

Τυρταῖος, 2. *m.*, Tyrtaeus.

*τις, a certain.

φαῦλος, -η, -ον, mean, contemptible.

χωλός, -ή, -όν, lame.

ἄπειρος, -ον, inexperienced, ignorant.

διδάσκαλος, 2. *m.*, schoolmaster.

ποιητής, 1. *m.*, poet.

τότε, then.

ἀθυμία, 1. *f.*, despondency.

ᾠδή, 1. *f.*, song.

παύω, I stop, put an end to.

9

*μὲν οὖν, accordingly (*these particles are often used in a narrative to connect sentences and need not always be translated in English*).

οἱ ὀλίγοι, the few (*i.e.* the privileged classes), oligarchs.

ἄλλοθι, elsewhere.

οἴκοι, at home.

μένω, I remain.

δῆμος, 2. *m.*, people.

προστάτης, 1. *m.*, champion.

αὐτός, -ή, -ό, self: (*in all cases except the nominative it may mean* 'him,' 'her,' 'it,' 'them,' *except at the beginning of the sentence*).

τυραννεύω, I reign as tyrant.

πιστεύω, I entrust.

ἐλεύθερος, -α, -ον, free.

τύραννος, 2. *m.*, tyrant.

κακός, -ή, -όν, bad.

ἄξιος, -α, -ον, worthy.

10

Κόρινθος, 2. *f.*, Corinth.

Κύψελος, 2. *m.*, Cypselus.

Βαττιάδης, 1. *m.*, descendant of Battus.

ἐλαύνω, I drive.

φίλος, -η, -ον, dear.

οὐκέτι, no longer.

Περίανδρος, 2. *m.*, Periander.

ὅς, ἥ, ὅ, who.

πρῶτον (*adverb*), first.

ἔφη, he said.

κῆρυξ (*gen.* κήρυκος), 3. *m.*, herald, messenger.

πῶς ; how ?

ἄριστα (*adverb*), best.

τὰ τῆς Κορίνθου, the affairs of Corinth.

πράττω, πράξω, ἔπραξα, πέπραχα, I transact, fare; (in the latter sense the perfect is πέπραγα).

ἀγρός, 2. *m.*, field.

ἄγω, I lead,

σῖτος, 2. *m.*, corn.

καλάμη, 1. *f.*, stalk.

ὅσος, -η, -ον, as many as.

ὕψιστος, -η, -ον, highest.

ῥάβδος, 2. *f.*, staff, stick.

τέμνω, cut, cut off.

κάλυξ (*gen.* κάλυκος, 3. *f.*, ear (of corn).

ἐχθρός, -ά, -όν, hated, hateful.

11

Κύλων, Cylon.

ἔνδοξος, -ον, famous.

Ὀλυμπιονίκης, 1. *m.*, a victor at the Olympic games.

δοκεῖ (*impersonal verb*), it seems good; *aor.*, ἔδοξε(ν), ἔδοξε τοῖς Ἀθηναίοις στρατεύειν, the Athenians resolved to go on an expedition.

ἐν (*with dative*), in, during, ἑορτή, 1. *f.*, festival. [at.

πεῖρα, 1. *f.*, attempt.

κινδυνεύω, I venture, risk.

ἐν ᾧ, in which (time); while.

Ὀλύμπια, 2. *n.* (*plural*), the Olympian festival; τὰ Ὀλύμπια ἄγω, I celebrate the Olympian festival.

προσήκει(*impersonal verb*), it is fitting.

νομίζω, I think.

μέντοι, however.

σημαίνω, I signify.

οἱ ἐν ἀρχῇ, those in office, the government.

πέμπω, πέμψω, ἔπεμψα, πέπομφα, I send.

ὁδός, 2. *f.*, road.

φράττω, φράξω, ἔφραξα, I barricade.

λιμός, 2. *m.*, hunger.

ἀποθνήσκω, I die.

μέλλω, I am likely. [tor.

συνωμότης, 1. *m.*, conspira-

ἐκφεύγω, I escape.

ἱκέτης, 1. *m.*, suppliant.

καθίζω, I sit.

ἐπί (*with accusative*), before, at.

βωμός, 2. *m.*, altar.

Μεγακλῆς, Megacles.

'Αλκμαιωνίδης, 1. *m.*, descendant of Alcmæon.

σωτηρία, 1. *f.*, safety.

κηρύττω, κηρύξω, ἐκήρυξα, I proclaim.

ἔπειτα, then; πρῶτον μέν ... ἔπειτα, at first ... but afterwards.

ὕστερον (*adverb*), later on.

ἐπάρατος, -ον, under a curse.

12

πενία, 1. *f.*, poverty.

γνώριμος, -ον known.

ἡδονή, 1. *f.*, pleasure; καθ' ἡδονήν, at pleasure.

δίκη, 1. *f.*, lawsuit.

δικάζω, I judge.

ἄρχων (*gen.* ἄρχοντος), archon (an Athenian magistrate).

ἄδηλος, -ον, uncertain.

ἀποβαίνειν, to result.

γράφω, γράψω, ἔγραψα, γέγραφα, I write; νόμον γράφω, I draw up a law.

δεῖ, δεήσει, ἐδέησε (*impersonal verb*), it is necessary.

Δράκων (*gen.* Δρακοντος), 3 *m.*, Draco.

ζημία, 1. *f.*, penalty.

τάττω, τάξω, ἔταξα, τέταχα, I draw up, appoint, assign.

καὶ δὴ καί, and indeed.

ἔστιν οἵ, there are some who, some.

ἁμαρτία, 1. *f.*, offence.

θάνατος, 2. *m.*, death.

αἷμα (*gen.* αἵματος), 3. *n.*, blood.

ψέγω, I blame, find fault with.

μικρός, -ά, -όν, small.

13

συχνός, -ή, -όν, long, many.

χρόνος, 2. *m.*, time.

ἔτι (*adverb*), still.

μᾶλλον (*adverb*), more.

78 GREEK TRANSLATION

Σόλων (gen. Σόλωνος), 3. m.,
Solon.

πατρίς (gen. πατρίδος), 3. f.,
native-country.

σῴζω, σώσω, ἔσωσα,
σέσωκα, I save.

ἀγαθός, -ή, -όν, good.

ῥήτωρ (gen. ῥήτορος), 3. m.,
orator.

πείθω, πείσω, ἔπεισα, πέ-
πεικα, I advise, persuade.
[The imperfect ἔπειθον =
I advised, the aorist
ἔπεισα = I persuaded.]

μή, not.

ὑπείκω, I yield.

ἔτος (gen. ἔτους), 3. n.,
year.

χρέος (gen. χρέους), 3. n.,
debt.

ἀποκοπή, 1. f., cutting off,
cancellation.

ὀφειλέτης, 1. m., debtor.

κακόν, 2. n., evil.

τέτταρες, -α, four.

γένος (gen. γένους), 3. n.,
class.

διά (with genitive),
by means of.

οὔτε ... οὔτε, neither ...
nor.

δουλεύω, I am a slave,
am subservient.

14

εὖ (adverb), well.

εὖ πράττω, I fare well, am
prosperous.

φαίνομαι, I seem.

πείθομαι (with dative),
I obey.

αὖθις, again.

ἑαυτόν, -ήν, -ό, himself
(reflexive).

οἰκεῖος, 2. m., relative.

Πεισίστρατος, -ου, 2. m.,
Peisistratus.

ὄνομα (gen. ὀνόματος) 3. n.,
name.

φύλαξ (gen. φύλακος), 3. m.,
guard, body-guard.

δίς, twice.

τότε, then; τότε μέν ...
τότε δέ, now ... now.

φεύγω, I fly, am in exile.

ἱερόν, 2. n., temple.

ὑπέρ (with genitive),
on behalf of.

κοινός -ή, -όν, common ; τὸ κοινόν, the common good.

ἕνεκα (with genitive), for the sake of.

σύμμαχος, 2. m., ally.

φιλία, 1. f., friendship.

15

Ἱππίας, 1. m., Hippias.

ὠμότης (gen. ὠμότητος), 3. f., cruelty.

ἀδελφός, 2. m., brother.

Ἵππαρχος, 2. m., Hipparchus.

φθόνος, 2. m., jealousy.

δύο, two.

φίλος, 2. m., friend.

Ἁρμόδιος, 2. m., Harmodius.

Ἀριστογείτων (gen. Ἀριστογείτονος), 3. m., Aristogeiton.

ὑβρίζω (aorist, ὕβρισα), I insult.

ὀργή, 1. f., anger ; δι' ὀργῆς ἔχω, I am angry.

ἐπιβουλεύω (with dative), I plot against.

εὐθύς (adverb), at once.

βασανίζω, I torture.

φόβος, 2. m., fear.

εὐγενής -ες, noble ; (as subst.), a noble.

Κλεισθένης (gen. Κλεισθένους), Cleisthenes.

Δελφοί, 2. m. pl., Delphi.

εἰσβάλλω εἰς (with accusative), I invade.

Ἀττικός, -ή, -όν, Attic ; (as subst.), ἡ Ἀττική, Attica.

16

ἐναντίος, 2. m., rival.

πόλις (gen. πόλεως), 3. f., city, state.

ῥάδιος, -α, -ον, easy.

πρᾶγμα (gen. πράγματος), 3. n., affair.

ἐκβάλλω, I drive out.

δέχομαι, δέξομαι, ἐδεξάμην, δέδεγμαι, I receive.

δι' ὀλίγου, in a short time.

δύναμις (gen. δυνάμεως), 3. f., power.

17

ὑπό (with genitive), by.

νέος, -α, -ον, new, young.

μέτοικος, 2. m., resident alien.

δοῦλος, 2. m., slave.

δέκα, ten.

φυλή, 1. f., tribe.

δῆμος, 2. m., deme, township.

εὐλάβεια, 1. f., caution.

ὅμορος, -ον, contiguous.

ἄλλοι ἄλλοθι, some in one place, some in another.

κατά (with accusative), throughout.

σπείρω (aor. pass. ἐσπάρην), I sow, scatter.

δημότης, 1. m., demesman, member of a deme.

κοινῇ (adverb), in common.

βουλεύομαι, I deliberate.

βουλή, 1. f., council, senate.

πεντήκοντα, fifty.

ἐκκλησία, 1. f., assembly.

ὅλος, -η, -ον, whole.

πλῆθος (gen. πλήθους), 3. n., mass, number.

πάρειμι (compound of εἰμί), I am present.

ἔξεστι(ν) (compound of εἰμί; impersonal), it is allowed.

ἡδύς, -εῖα, -υ, pleasing, pleasant, sweet.

18

δημοκρατία, 1. f., democracy.

νῦν (adverb), now; ἔτι καὶ νῦν, even now.

ἴσως (adverb), equally.

Ἕλλην (gen. Ἕλληνος), 3. m., Greek.

εἰρήνη, 1. f., peace; εἰρήνην ἄγω, I am at peace.

πάνυ (adverb), altogether.

ἀνέλπιστος, -ον, without hope; (with infinitive), without hope of . . .

μάτην (adverb), in vain.

Πέρσης, 1. m., Persian.

κατάγω, I lead back, restore.

Δαρεῖος, 2. m., Dareius.

βασιλεύς (gen. βασιλέως), 3. m., king.

ἔσχατος, -η, -ον, utmost.

ἤ, than; μᾶλλον ἤ, rather than.

ἐλευθερία, 1. f., freedom.

ἀποβάλλω, I lose.

Ἀρισταγόρας, 1. m., Aristagoras.

Μίλητος, 2. f., Miletus.

Ἀσία, 1. f., Asia.

Ἴων (gen. Ἴωνος), 3. m., Ionian.

βοήθεια, 1. f., help.

ἱκετεύω, I come as a suppliant.

ναυτικόν, 2. n., fleet.

Σάρδεις (gen. Σάρδεων), 3. f. pl., Sardis.

Κυβέλη, 1. f., Cybele.

καίω, καύσω, ἔκαυσα, κέκαυκα, I burn.

19

βάρβαρος, 2. m., barbarian (the word is applied to anyone who is not a Greek).

νικῶ(άω), I conquer.

Διονύσιος, 2. m., Dionysius.

ἀνήρ (gen. ἀνδρός), 3. m., man (as opposed to woman).

ἔμπειρος, -ον (with genitive), experienced in, skilful in.

εὐταξία, 1. f., discipline.

μελετῶ(άω), I practise.

πόνος, 2. m., work, toil,

φύσις (gen. φύσεως), 3. f., nature; φύσει, by nature.

ἀδύνατος, -ον, unable.

τι, anything, something.

ἤ, or.

ὑπακούω, I obey.

ἀπέρχομαι, I go away.

Χῖος, 2. m., Chian.

20

ναυμαχία, 1. f., sea-fight.

ἡγεμών (gen. ἡγεμόνος), 3. m., leader.

ὠφελῶ(έω), ὠφελήσω, ὠφέλησα, I help, benefit.

πρῶτος, -η, -ον, first.

κινῶ(έω), κινήσω, ἐκίνησα, I move, stir up.

κολάζω, κολάσω, ἐκόλασα. I punish.

πολιορκῶ(έω), πολιορκήσω, ἐπολιόρκησα, I besiege.

τιμωροῦμαι (έομαι), τιμωρήσομαι, ἐτιμωρησάμην, I take vengeance on.

λυπῶ(έω), λυπήσω, ἐλύπησα, I distress, pain, annoy.

ἀπορία, 1. f., distress.

Φρύνιχος, 2. m., Phrynichus.

τραγῳδία, 1. f., tragedy.

διδάσκω, διδάξω, ἐδίδαξα, δεδίδαχα, I teach, inform; I exhibit (a play).

ἅλωσις (gen. ἁλώσεως), 3. f., capture.

χίλιοι, -αι, -α, a thousand.

δραχμή, 1. f., a drachma (a coin worth about 9½ pence).

πράττομαι (middle of πράττω), I exact (money); (with acc. of person and acc. of sum) I fine.

21

ἤ . . . ἤ, either . . . or.

δουλῶ(όω), δουλώσω, ἐδούλωσα, I enslave.

χρήματα (gen. χρημάτων), 3. n. pl., money.

Ἑλλάς (gen. Ἑλλάδος), 3. f., Greece.

ὡς, that.

τίς; who?

τρίς, three times.

ἡμέρα, 1. f., day; τρὶς τῆς ἡμέρας, three times every day.

ἀναμιμνήσκω, I remind.

δεύτερος, -α, -ον, second.

στρατιά, 1. f., army.

ναυτικός, -ή, -όν, naval by sea.

πεζός, -ή, -όν, land, by land.

χειμών (gen. χειμῶνος), storm.

ναυαγῶ(έω), I suffer shipwreck.

διά (with genitive), after an interval of.

Θρᾷξ (gen. Θρᾳκός), Thracian.

μάχομαι, I fight.

ταλαιπωρῶ(έω), I suffer loss, suffer hardship.

*γε, at least, at any rate.

Μαρδόνιος, 2. m., Mardonius.

οἴκαδε, homewards.

ἀποχωρῶ(έω), I depart, retreat.

ἐκπεμπω, I despatch, send out.

22

ῥᾳδίως (adverb), easily, lightly.

τρεῖς, τρία, three.

οἷός τ᾽ εἰμί, I am able.

Μιλτιάδης, 1. m., Miltiades.

πατήρ (gen. πατρός), 3. m., father.

Χερσόνησος, 2. f., the Chersonese.

βοηθῶ(έω), βοηθήσω, ἐβοήθησα (with dative), I go to the help of, aid.

στρατηγός, 2. m., general.

ποιῶ(έω), ποιήσω, ἐποίησα, πεποίηκα, I make, do.

᾽Αριστείδης, 1. m., Aristeides.

μέγας, μεγάλη, μέγα, great.

πιστός, -ή, -όν, trustworthy.

δίκαιος, -α, -ον, just.

τρίτος, -η, -ον, third.

Θεμιστοκλῆς (gen. Θεμιστοκλέους), 3. m., Themistocles.

ναῦς (gen. νεώς), 3. f., ship.

πολύς, πολλή, πολύ, much, (pl.) many.

οἰκοδομῶ(έω), I build.

προσέχω, I turn to (transitive).

νοῦς, 2. m., mind; τὸν νοῦν προσέχω (with dative), I pay attention to.

τειχίζω, I fortify.

προσβάλλω (with dative), I attack.

23

εἰσβολή, 1. f., invasion.

πότερον, whether.

πορεύομαι, πορεύσομαι, ἐπορεύθην, I march.

Μαραθών (gen. Μαραθῶνος), 3. m., Marathon.

Πλαταιεύς (gen. Πλαταιέως), 3. m., a Platæan.

μόνος, -η, -ον, alone.

ἀπόβασις (gen. ἀποβάσεως), 3. f., a landing; ἀπόβασιν ποιοῦμαι, I land.

πεδίον, 2. *n.*, plain.

ὄρος (*gen.* ὄρους), 3. *n.*, mountain.

συγκλήω, I shut in.

ἄκρος, -α, -ον, top; ἐπ' ἄκροις τοῖς ὄρεσιν, on the top of the mountains.

ἡσυχάζω, ἡσυχάσω, ἡσύχασα, I remain inactive.

ἄφνω (*adverb*), suddenly.

κατά (*with genitive*), down from.

λόφος, 2. *m.*, crest (of hill).

ὁρμῶμαι(άομαι), ὁρμήσομαι, ὡρμήθην, I rush.

24

ἧττα, 1. *f.*, defeat.

οὔπω, not yet.

φροντίζω, I think; φροντίζω περί (*with genitive*), I take thought for.

Αἰγύπτιος, 2. *m.*, Egyptian.

ὑπήκοος, 2. *m.*, subject.

ἀπόστασις (*gen.* ἀποστάσεως), 3. *f.*, revolt; ἀπόστασιν ποιοῦμαι, I make a revolt, I revolt.

ἐκεῖσε (*adverb*), thither.

τελευτῶ(άω), τελευτήσω,

ἐτελεύτησα, I finish; I finish my life, die.

Αἰγινήτης, 1. *m.*, Aeginetan.

25

Ξέρξης, 1. *m.*, Xerxes.

ἐπιθυμῶ(έω)(*with genitive*), I desire.

ἀριθμός, 2. *m.*, number.

πολύ (*adverb*), much.

προὔχω (*with genitive*), I surpass.

εὐταξία, 1. *f.*, discipline.

ἐλλείπω, I am inferior.

ἄγριος, -α, -ον, wild, uncivilized. [nation.

ἔθνος (*gen.* ἔθνους), 3. *n.*,

Ἑλλήσποντος, 2. *m.*, Hellespont.

δεσμός, 2. *m.*, chain.

δῶ(έω), δήσω, ἔδησα, δέδεκα, I bind.

γέφυρα, 1. *f.*, bridge.

διαβιβάζω, I take across.

στρατός, 2. *m.*, army.

μαστιγῶ(όω), I flog.

26

Θετταλός, 2. *m.*, Thessalian; ἡ τῶν Θετταλῶν

(sc. γῆ), the country of the Thessalians, Thessaly.

στενός, -ή, -όν, narrow.

τῇ μέν ... τῇ δέ, on one side ... on the other.

χωρῶ(έω), I advance.

Λεωνίδας, 1. m., Leonidas.

Σπαρτιάτης, 1. m., Spartan noble.

τριακόσιοι, three hundred.

ἐνακισχίλιοι, nine thousand.

καίπερ (with participle), although.

συνεχῶς, continuously.

βιάζομαι, I force, I force a way.

προδότης, 1. m., traitor.

νύξ (gen. νυκτός), 3. f., night.

ἡγοῦμαι(έομαι), I lead, guide (with dative).

ὑπεκχωρῶ(έω), I escape secretly.

ἕπομαι, I follow (with dative).

ἀνδρείως (adverb), bravely.

27

τοιόσδε, τοιάδε, τοιόνδε, such; (neut. pl.), as follows.

λείπω, I leave.

γυνή (gen. γυναικός), 3. f., woman, wife.

ὑπεκπέμπω, I send into safety.

ἐμβαίνω, I embark.

γέρων (gen. γέροντος), 3. m., old man.

28

τὰ στενά, the straits.

μεταξύ (with genitive), between.

Σαλαμίς (gen. Σαλαμῖνος), 3. f., Salamis.

στρατηγῶ(έω), I am in command.

Εὐρυβιάδης, 1. m., Eurybiades.

Κορίνθιος, 2. m., Corinthian.

βούλομαι, βουλήσομαι, ἐβουλήθην, I wish.

στρατηγός, 2. m., commander (of army or navy).

Ἰσθμός, 2. m., Isthmus (of Corinth).

ἐνθάδε, here.

'Αδείμαντος, 2. *m.*, Adeimantus.

ἑκατόν, hundred.

ὀγδοήκοντα, eighty

29

πᾶς, πᾶσα, πᾶν, all.

ἀσφαλής, -ές, safe.

μηχανῶμαι(άομαι), I devise.

ἐπιστολή, 1. *f.*, letter.

εἴσπλους, 2. *m.*, entrance.

ἵνα, in order that (*with the Subjunctive Mood referring to present or future time, with the Optative referring to past*).

ὅποι, whither

τῇ ὑστεραίᾳ, on the next day.

30

στρατός, 2. *m.*, army.

μηκέτι, no longer.

ἔργον, 2. *n.*, task.

ἤδη, already.

31

οἰκία, 1. *f.*, house.

ἐπισκευάζω, I repair.

πρεσβευτής, 1. *m.*, ambassador.

παρά (*with genitive*), from.

ἐν νῷ ἔχω, I have in mind, I intend.

πάρειμι (*with dative*), I support.

ἀπολείπω, I desert.

λόγος, 2. *m.*, word; τοὺς λόγους δέχομαι, I accept the proposals.

32

ἔαρ (gen. ἦρος), 3. *n.*, spring; ἅμα τῷ ἦρι, at the beginning of spring.

ἐπιτιμῶ(άω), I reproach (*with dative*).

ἔφασαν, they said.

διπλάσιος, -α, -ον, twice as large.

πρό (*with genitive*), in front of.

Πλαταιαί, 1. *f. pl.*, Platæa.

ἀπέχω, I am distant from (*with genitive*).

ἀνδρεῖος, -α, -ον, brave.

κοῦφος, -η, -ον, light.

καρτερῶ(έω), I endure, hold my ground.

ἀντέχω, I hold out, resist.

33

ἐπιγιγνόμενος, -η, -ον, next (of time).

παρά (with accusative), alongside of, along.

Παυσανίας, 1. m., Pausanias.

Κίμων (gen. Κίμωνος), 3. m., Cimon.

Βυζάντιον, 2. n., Byzantium.

αἱρῶ(έω), I take.

αἰχμάλωτος, 2. m., prisoner.

ἐθέλω, I am willing.

ἱκανός, -ή, -όν, sufficient, enough.

παρέχω, I furnish, provide.

ὕβρις (gen. ὕβρεως), 3. f., pride, insolence.

ἐπαχθής, -ές, annoying.

ἔφορος, 2. m., ephor (a Spartan magistrate).

καλῶ(έω), καλῶ, ἐκάλεσα, κέκληκα, I call, summon.

προδοσία, 1. f., treachery.

αἰτιῶμαι(άομαι), αἰτιάσομαι, I accuse.

34

τεῖχος (gen. τείχους), 3. n., wall.

πρότερος, -α, -ον, former.

ἰσχυρός, -ά, -όν, strong.

ἀναγκαῖος,-α,-ον, necessary.

σύμφορος, -ον, expedient, advantageous.

ἀπὸ τῆς πόλεως ὁρμῶμαι, I make the city a base.

αὐτὸς τρίτος, himself the third, i.e. with two others.

ὡς, as (with future participle expresses a purpose).

πρεσβεύω, I go as ambassador; (in Middle), πρεσβεύομαι, I send an embassy.

ἀφικνοῦμαι(έομαι), I arrive.

χρονίζω, I delay.

35

δηλῶ(όω), I show, explain, point out.

τρέπω, τρέψω, ἔτρεψα, τέτροφα, I turn (trans.); (in Middle) τρέπομαι, I turn (intrans.).

τάχος (*gen.* τάχους), 3. *n.*, speed; διὰ τάχους, with speed.

ἀληθής, -ές, true.

σαφής, -ές, clear.

φιλανθρώπως (*adverb*), in a friendly way.

ἐῶ(άω), I allow ; (*imperfect*, εἴων).

ἐναντιοῦμαι (όομαι), I make opposition, oppose.

ὅμηρος, 2. *m.*, hostage.

36

συμμαχία, 1. *f.*, alliance.

νησιώτης, 1. *m.*, islander.

φεύγω, φεύξομαι, ἔφυγον, πέφευγα, I fly.

πορίζω, I provide.

Ἰωνία, 1. *f.*, Ionia.

ἀναγκάζω, I compel.

σώφρων, -ον, temperate, moderate.

καθ᾿ ἕκαστον, severally.

Δῆλος, 2. *f.*, Delos.

37

προδοσία, 1. *f.*, treachery.

φεύγω (*with genitive*), I am put on my trial for.

ὅμως, nevertheless.

Ἀρτάβαζος, 2. *m.*, Artabazus.

ὑποψία, 1. *f.*, suspicion.

εὑρίσκω, εὑρήσω, ηὗρον, ηὕρηκα, I find.

κτείνω, I kill.

φανερός, -ά, -όν, clear.

τεκμήριον, 2. *n.*, proof.

ὑπάρχω, I exist, am forthcoming.

αἰτία, 1. *f.*, guilt.

συλλαμβάνω, I arrest.

θύρα, 1 *f.*, door.

ἐκπολιορκῶ(έω), I force to surrender. [help.

συμπράττω, I act with, I

ὅσον οὐκ, almost.

ἄγος, 3. *n.*, pollution.

ἐξάγω, I bring out.

38

συμφορά, 1. *f.*, disaster.

αἴτιος, -α, -ον, responsible for, the cause of (*with genitive*).

μεταπέμπομαι, I send for.

Περσική, 1. *f.*, Persia.

Ἀρταξέρξης, 1. *m.*, Artaxerxes.

νεωστί (*adverb*), lately.

ἥκω, I have come.

βλάπτω, βλάψω, ἔβλαψα, βέβλαφα, I injure.

Μαγνησία, 1. *f.*, Magnesia.

φάσκω, I say, propose.

39

κτῶμαι(άομαι), κτήσομαι, ἐκτησάμην, κέκτημαι, I acquire.

περὶ πλείστου ποιοῦμαι, I think it of great importance.

στέλλω, στελῶ, ἔστειλα, ἔσταλκα, I equip, fit out.

καλός, -ή, -όν, beautiful, splendid, fine.

ζητῶ(έω), I seek.

πολιτεύομαι, I pursue a policy.

ὅπως, (1) how, (2) that.

ἐπί (*with dative*), on condition of.

ἴσος, -η, -ον, equal; ἐπ' ἴσοις, on equal terms.

οὐδέτερος, -α, -ον, neither.

ἀρέσκω, ἀρέσω, ἤρεσα (*with dative*), I please.

'Εφιάλτης, 1. *m.*, Ephialtes.

Περικλῆς, 3. *m.*, Pericles.

Ἄρειος πάγος, 2. *m.*, Areopagus.

40

μετακινῶ(έω), μετακινήσω, μετεκίνησα, I transfer.

συμβάλλομαι, I contribute.

λιμήν (*gen.* λιμένος), 3. *m.*, harbour.

Μεγαρεύς (*gen.* Μεγαρέως), 3. *m.*, Megarian.

ἐκεῖ, there.

κρατῶ(έω), κρατήσω, ἐκράτησα, I become master of (*with genitive*).

Βοιωτός, 2. *m.*, Bœotian.

Βοιωτία, 1. *f.*, Bœotia.

καταλύω, καταλύσω, κατέλυσα, I put down.

δημοκρατοῦμαι(έομαι), I have a democratic constitution.

σπονδαί, 1. *f. pl.*, truce, treaty.

τοσόσδε, τοσήδε, τοσόνδε, so great.

41

ἄγαλμα (gen. ἀγάλματος),
3. n., statue.

νεώς, 2. m., temple.

κοσμῶ(έω), I adorn.

ἐμπορία, 1. f., trade.

ψηφίζομαι, ψηφιοῦμαι,
ἐψηφισάμην, I vote.

εἴργω, I exclude.

ἀγορά, 1. f., market.

φοβοῦμαι(έομαι), φοβή-
σομαι, ἐφοβήθην, I fear.

ἐπιφέρω, I bring against;
πόλεμον ἐπιφέρω (with
dative), I make war upon.

42

πεζῇ, on land.

ἀσθενής, -ές, weak.

εἰσκομίζομαι, εἰσκομιοῦμαι,
εἰσεκομισάμην, I bring
in.

ἐντός (with genitive), with-
in.

τίθημι, θήσω, ἔθηκα, τέθηκα,
I place.

νόσος, 2. f., disease, plague.

Ἀρχίδαμος, 2. m., Archi-
damus.

ἐγώ, I.

ἐπὶ κακῷ, for harm.

ἄρα, as it appears.

ἀφίημι, ἀφήσω, ἀφῆκα,
I relinquish, give up;
let go, set free.

δημόσιος, -α, -ον, public,
belonging to the state.

43

Λέσβος, 2. f., Lesbos.

πέντε, five.

Μυτιλήνη, 1. f., Mytilene.

παρασκευάζω, παρασκευά-
σω, παρεσκεύασα, I pre-
pare.

συντίθεμαι, συνθήσομαι,
συνεθέμην, I make an
agreement.

ἐφ' ᾧ, on condition that.

Κλέων (gen. Κλέωνος), 3.
m., Cleon.

44

μετάνοια, 1. f., repentance.

δεινός, -ή, -όν, terrible.

ἀφίστημι, ἀποστήσω, ἀπέσ-
τησα, I make to revolt;
ἀπέστην, I revolted.

Διόδοτος, 2. m., Diodotus.

φθάνω, φθήσομαι, ἔφθασα,
I anticipate.

ὑπισχνοῦμαι(έομαι), ὑπο-
σχήσομαι, ὑπεσχόμην, I
promise.

ἐσθίω, I eat.

ὕπνος, 2. m., sleep; ὕπνον
αἱροῦμαι, I take sleep.

μέρος (gen. μέρους), 3. n.,
part; κατὰ μέρος, in
turn.

45

Δημοσθένης (gen. Δημο-
σθένους), 3. m., Demos-
thenes.

Πύλος, 2. m., Pylus.

Σφακτηρία, 1. f., Sphac-
teria.

δύναμαι, δυνήσομαι, ἐδυνή-
θην, I am able.

λανθάνω, λήσω, ἔλαθον,
λέληθα, I escape notice,
evade.

χωρίον, 2. n., place.

46

Νικίας, 1. m., Nicias.

εἷς, μία, ἕν, one.

ἐξίσταμαι (with genitive),
I stand out from, resign.

ὄχλος, 2. m., crowd.

φιλῶ(έω), I love, am wont.

παραδίδωμι, παραδώσω,
παρέδωκα, I hand over.

εἴκοσι, twenty.

ἕτερος, -α, -ον, other; ὁ
ἕτερος, one of the two.

τυγχάνω, τεύξομαι, ἔτυχον,
I happen; (with genitive)
I obtain.

ἀπαλλάττω, I set free;
ἀπαλλάττομαι, I am freed
of, get rid of.

ἐλπίζω, I hope, expect.

47

θαρρῶ(έω), I am confident.

Θρᾴκη, 1. f., Thrace.

Βρασίδας, 1. m., Brasidas.

εὐτυχῶ(έω), I am success-
ful.

ὅσπερ, ἥπερ, ὅπερ, who,
which.

προσδέχομαι, I expect.

ἕδρα, 1. *f.*, delay.

περιμένω, I await.

τρόπος, 2. *m.*, way, method.

48

Σικελία, 1. *f.*, Sicily.

Ἐγεσταῖος, 2. *m.*, Segestan.

συμμαχία, 1. *f.*, alliance.

δέομαι, δεήσομαι, ἐδεήθην, (*with genitive*), I ask for.

Συρακόσιοι, 2. *m. pl.*, Syracusans.

χρυσός, 2. *m.*, gold.

ἐπιδείκνυμι, I show, make display of.

ἐξαπατῶ(άω), ἐξαπατήσω, ἐξηπάτησα, I deceive.

ἀνάθημα (*gen.* ἀναθήματος), 3. *n.*, offering.

ἀργυροῦς, -ᾶ, -οῦν, of silver.

ἰδίᾳ, privately.

ξένισις (*gen.* ξενίσεως) 3. *f.*, entertainment.

Ἐγέστη, 1. *f.*, Segesta.

ἔκπωμα (*gen.* ἐκπώματος), 3. *n.*, cup.

χρυσοῦς, -ῆ, -οῦν, of gold.

συλλέγω, συλλέξω, συνέλεξα, I collect.

49

ἀγγέλλω, ἀγγελῶ, ἤγγειλα, I announce.

ἑξήκοντα, sixty.

Ἀλκιβιάδης, 1. *m.*, Alcibiades.

Λάμαχος, 2. *m.*, Lamachus.

πλέω, πλεύσομαι, ἔπλευσα, I sail.

πλοῦς, 2. *m.*, voyage.

50

πρίν (*conjunction*), before (*with infinitive*).

ἀπέρχομαι,ἄπειμι,ἀπῆλθον, I depart.

Ἑρμῆς, 1. *m.*, the god Hermes; (*in plural*) statues of Hermes.

περικόπτω,περικόψω,περιέκοψα (*aor. pass.* περιεκόπην), I mutilate.

πρόσωπον, 2. *n.*, face.

ἐπίσταμαι, ἐπιστήσομαι, ἠπιστήθην, I know.

μηνύω, I give information.

ἀδεῶς, fearlessly, with impunity.

οἰωνός, 2. *m.*, bird, omen.

κρίνω, κρινῶ, ἔκρινα, I judge, try.

51

παραινῶ(έω), παραινέσω, παρήνεσα (*with dative*), I advise.

Γύλιππος, 2. *m.*, Gylippus.

οὗτος, αὕτη, τοῦτο, this ; ἐν τούτῳ, meanwhile.

περιτειχίζω, I circumvallate.

ἥττων, ἧττον, less, inferior.

ἐπανέρχομαι, ἐπάνειμι, ἐπανῆλθο , I return.

52

Τισσαφέρνης, 1. *m.*, Tissaphernes.

σατράπης, 1. *m.*, satrap, governor.

Πείσανδρος, 2. *m.*, Peisander.

καθίστημι, καταστήσω, κατέστησα, I set up.

αἱροῦμαι, I choose.

ἔρχομαι, εἶμι, ἦλθον, I go.

ἐκεῖνος, ἐκείνη, ἐκεῖνο, that.

τετρακόσιοι, -αι, -α, four hundred.

βουλευτήριον, 2. *n.*, councilchamber.

πεντακισχίλιοι, -αι, -α, five thousand.

Θρασύβουλος, 2. *m.*, Thrasybulus.

Θράσυλλος, 2. *m.*, Thrasyllus.

53

ναυμαχῶ(έω), I fight a sea battle.

Ἀργινοῦσαι, 1. *f. pl.*, Arginusae.

γίγνομαι, γενήσομαι, ἐγενόμην, I become, take place.

καταδύω, καταδύσω, κατέδυσα, I sink (*transitive*).

Θηραμένης (*gen.* Θηραμένους), 3. *m.*, Theramenes.

ἀπολογοῦμαι(έομαι), ἀπολογήσομαι, ἀπελογησάμην, I plead in defence.

ἀποκτείνω, ἀποκτενῶ, ἀπέκτεινα, I kill.

ἕξ, six.

ἀποθνήσκω, ἀποθανοῦμαι, ἀπέθανον, I die, am killed.

κατήγορος, 2. m., accuser.

54

χώρα, 1. f., place.

ἐρῆμος, ἐρήμη, ἐρῆμον, deserted.

ὁρμῶ(έω), ὁρμήσω, ὥρμησα, I lie at anchor, anchor.

Αἰγὸς ποταμοί, Aegospotami (the goat's rivers).

ἑκκαίδεκα, sixteen.

στάδιον, 2. n., stadium, furlong.

πρώ, early.

Λύσανδρος, 2. m., Lysander.

ἑκάτερος, -α, -ον, each of two.

χωρίον, 2. n., place, spot, position.

σιγῶ(άω), I am silent.

ἀμελῶ(έω), I am careless.

προσβολή, 1. f., attack.

55

Ἄγις, Agis.

λαμβάνω, λήψομαι, ἔλαβον, εἴληφα, I take.

πεντήκοντα, fifty.

Πειραιεύς (gen. Πειραιῶς), 3. m., Peiraeus.

ἀπορῶ(έω), I am at a loss.

καθαιρῶ(έω), καθαιρήσω, καθεῖλον, destroy.

πλήν, except.

ὁρῶ(άω), ὄψομαι, εἶδον, I see.

ὑπό (with genitive), to the sound of.

αὐλητρίς (gen. αὐλητρίδος), 3. f., flute-girl.

ἄρχω, I begin, am the beginning of.

GRAMMAR

The following pages contain all the types of Declension
and Conjugation needed for the Pieces of Translation.

THE ALPHABET

			English Equivalent.
Alpha	A	α	ā or ă
Beta	B	β	b
Gamma	Γ	γ	g as in *go*
Delta	Δ	δ	d
Epsilon	E	ϵ	ĕ
Zeta	Z	ζ	z
Eta	H	η	ē
Theta	Θ	θ	th
Iota	I	ι	ī or ĭ
Kappa	K	κ	k
Lambda	Λ	λ	l
Mu	M	μ	m
Nu	N	ν	n
Xi	Ξ	ξ	x
Omikron	O	o	ŏ
Pi	Π	π	p
Rho	P	ρ	r
Sigma	Σ	σ or at the end of a word ς	s
Tau	T	τ	t
Upsilon	Υ	υ	ū or ŭ
Phi	Φ	ϕ	ph
Khi	X	χ	kh
Psi	Ψ	ψ	ps
Omega	Ω	ω	ō

The pronunciation indicated above is that used by English readers. The Greek pronunciation of the vowels was different.

OTHER SYMBOLS

(1) **Breathings.**—The Greek Alphabet has no letter corresponding to the English H. But if a vowel at the beginning of a word is to be pronounced with an aspirate, this is shown by the sign ' placed over the vowel. This is called the 'rough breathing.' If the vowel is not aspirated it bears the sign ' which is called a 'smooth breathing.' Thus ὅρος is pronounced *horos*, while ὄρος is pronounced *oros*.

The letter ρ at the beginning of a word is always aspirated and bears the rough breathing. Thus ῥήτωρ.

(2) **Accents.**—Each Greek word as a rule bears a sign called an accent—either ´ (acute) or ` (grave) or ˆ (circumflex). But these do not affect the pronunciation of Greek as it is usually read by Englishmen, and the rules may be learnt later.

(3) **Stops.**—Greek has the comma and full stop as in English. The colon and semi-colon are represented by · placed above the line. The note of interrogation is ;

(4) ι **Subscript.**—Long vowels will be found sometimes to have a small ι written under them—thus ᾳ, ῳ. This ι marks a former diphthong, but it does not affect the pronunciation of the vowel.

DEFINITE ARTICLE

	MASC.	FEM.	NEUT.
Singular Nom.	ὁ	ἡ	τό
Acc.	τόν	τήν	τό
Gen.	τοῦ	τῆς	τοῦ
Dat.	τῷ	τῇ	τῷ
Dual N.V.A.		τώ	
G.D.		τοῖν	
Plural Nom.	οἱ	αἱ	τά
Acc.	τούς	τάς	τά
Gen.	τῶν	τῶν	τῶν
Dat.	τοῖς	ταῖς	τοῖς

Besides the Singular and Plural all Greek Declensions and Conjugations have a Dual Number, *i.e.* forms to be used when it was to be made clear that we are speaking of *two* or *a pair*. But it is little used.

FIRST DECLENSION

a and *η* stems

MASCULINE NOUNS

	πολίτης, *citizen*	νεανίας, *young man*
Sing. N.	πολίτης	νεανίας
V.	πολῖτα	νεανία
A.	πολίτην	νεανίαν
G.	πολίτου	νεανίου
D.	πολίτῃ	νεανίᾳ
Dual N.V.A.	πολίτα	νεανία
G.D.	πολίταιν	νεανίαιν
Plu. N.V.	πολῖται	νεανίαι
A.	πολίτας	νεανίας
G.	πολιτῶν	νεανιῶν
D.	πολίταις	νεανίαις

FEMININE NOUNS

	τιμή, *honour*	δόξα, *opinion*	σοφία, *wisdom*
Sing. N.V.	τιμή	δόξα	σοφία
A.	τιμήν	δόξαν	σοφίαν
G.	τιμῆς	δόξης	σοφίας
D.	τιμῇ	δόξῃ	σοφίᾳ
Dual N.V.A.	τιμά	δόξα	σοφία
G.D.	τιμαῖν	δόξαιν	σοφίαιν
Plu. N.V.	τιμαί	δόξαι	σοφίαι
A.	τιμάς	δόξας	σοφίας
G.	τιμῶν	δοξῶν	σοφιῶν
D.	τιμαῖς	δόξαις	σοφίαις

Like σοφία are declined all nouns ending in *a* preceded by ε, ι, or ρ. *E.g.* φιλία, *friendship*; ἀποικία, *colony*; χώρα, *country*; ἡμέρα, *day*.

SECOND DECLENSION

Stems in o and ω.

	ἄνθρωπος, Masc. man.	ἔργον, Neut. work.	νεώς, Masc. temple.
Sing. N.	ἄνθρωπος	ἔργον	νεώς
V.	ἄνθρωπε	ἔργον	νεώς
A.	ἄνθρωπον	ἔργον	νεών
G.	ἀνθρώπου	ἔργου	νεώ
D.	ἀνθρώπῳ	ἔργῳ	νεῴ
Dual N.V.A.	ἀνθρώπω	ἔργω	νεώ
G.D.	ἀνθρώποιν	ἔργοιν	νεῴν
Plu. N.V.	ἄνθρωποι	ἔργα	νεῴ
A.	ἀνθρώπους	ἔργα	νεώς
G.	ἀνθρώπων	ἔργων	νεών
D.	ἀνθρώποις	ἔργοις	νεώς

Some nouns in -ος are Feminine. Note especially ἤπειρος, *continent*; νῆσος, *island*; νόσος, *disease*; ὁδός, *way*; and many names of cities and islands, e.g., Κόρινθος, Δῆλος.

Contracted stems in o.

νοῦς, Masc. *mind* (for νόος).

Sing. N.	νοῦς	Plu. N.	νοῖ
A.	νοῦν	A.	νοῦς
G.	νοῦ	G.	νῶν
D.	νῷ	D.	νοῖς

No words of this type use a Vocative or a Dual.

THIRD DECLENSION

I. Consonant Stems

	κῆρυξ, Masc. *herald.*	πρᾶγμα, Neut. *thing, affair.*
Sing. N.V.	κῆρυξ	πρᾶγμα
A.	κήρυκα	πρᾶγμα
G.	κήρυκος	πράγματος
D.	κήρυκι	πράγματι
Dual N.V.A.	κήρυκε	πράγματε
G.D.	κηρύκοιν	πραγμάτοιν
Plu. N.V.	κήρυκες	πράγματα
A.	κήρυκας	πράγματα
G.	κηρύκων	πραγμάτων
D.	κήρυξι	πράγμασι

The above types are sufficient for the declension of all nouns with stems ending in κ, γ, χ, π, β, φ, τ, δ, θ, λ, ρ, ν. The only difficulty is in the Dative Plural where the final consonant of the stem comes into contact with the termination σι and requires combination or contraction, just as κήρυξι stands for κηρυκ-σι and πράγμασι for πραγματ-σι.

For this purpose observe the following types:—

κ, γ, χ with the σ of the termination form ξ,

    e.g. σάλπιγξ f. *trumpet*, Gen. σάλπιγγ-ος, Dat. Plu.
        σάλπιγξι.

π, β, φ with the σ of the termination form ψ,

    e.g. Ἄραψ, *Arabian*, Gen. Ἄραβ-ος, Dat. Plu.
        Ἄραψι.

τ, δ, θ, ν before the σ of the termination are omitted,

    e.g. πατρίς f. *fatherland*, Gen. πατρίδ-ος, Dat. Plu.
        πατρίσι.
        χειμών m. *winter*, Gen. χειμῶν-ος, Dat. Plu.
        χειμῶσι.
        ἡγεμών m. *leader*, Gen. ἡγεμόν-ος, Dat. Plu.
        ἡγεμόσι.
        λιμήν m. *harbour*, Gen. λιμέν-ος, Dat. Plu.
        λιμέσι.

λ, ρ require no change,

    e.g. ῥήτωρ m. *orator*, Gen. ῥήτορ-ος, Dat. Plu.
        ῥήτορσι.

N.B. Notice the further change in stems ending in ντ,

    e.g. γέρων m. *old man*, Gen. γέροντ-ος, Dat. Plu.
        γέρουσι.

This noun has a Vocative γέρον. Nouns in -ωρ (Gen. -ορος) have Vocative in -ορ, e.g. ῥῆτορ from ῥήτωρ. But most nouns of this group have the same form for Nominative and Vocative.

Stems in σ.

	γένος, Neut. kind. (stem γενεσ)	Κλεισθένης, Cleisthenes.	Θεμιστοκλῆς, Themistocles.
Sing. N.	γένος	Κλεισθένης	Θεμιστοκλῆς
V.	γένος	Κλείσθενες	Θεμιστόκλεις
A.	γένος	Κλεισθένη	Θεμιστοκλέα
G.	γένους	Κλεισθένους	Θεμιστοκλέους
D.	γένει	Κλεισθένει	Θεμιστοκλεῖ
Dual N.V.A.	γένει		
G.D.	γενοῖν		
Plu. N.V.A.	γένη		
G.	γενῶν		
D.	γένεσι		

II. Stems in Vowels.

	πόλις, Fem. city.	βασιλεύς, Masc. king.
Sing. N.	πόλις	βασιλεύς
V.	πόλι	βασιλεῦ
A.	πόλιν	βασιλέα
G.	πόλεως	βασιλέως
D.	πόλει	βασιλεῖ
Dual N.V.A.	πόλει	βασιλῆ
G.D.	πολέοιν	βασιλέοιν
Plu. N.V.	πόλεις	βασιλῆς
A.	πόλεις	βασιλέας
G.	πολέων	βασιλέων
D.	πόλεσι	βασιλεῦσι

III. Irregular Nouns.

		πατήρ, Masc. father	ἀνήρ, Masc. man	ναῦς, Fem. ship
Sing.	N.	πατήρ	ἀνήρ	ναῦς
	V.	πάτερ	ἄνερ	—
	A.	πατέρα	ἄνδρα	ναῦν
	G.	πατρός	ἀνδρός	νεώς
	D.	πατρί	ἀνδρί	νηί
Dual N.V.A.		πατέρε	ἄνδρε	—
	G.D.	πατέροιν	ἀνδροῖν	νεοῖν
Plu.	N.V.	πατέρες	ἄνδρες	νῆες
	A.	πατέρας	ἄνδρας	ναῦς
	G.	πατέρων	ἀνδρῶν	νεῶν
	D.	πατράσι	ἀνδράσι	ναυσί

Like πατήρ, also μήτηρ, mother; θυγάτηρ, daughter.

ADJECTIVES

I

Declined like the *o* **and** *a* **stems of the Second and First Declensions.**

χαλεπός, *difficult*

		MASC.	FEM.	NEUT.
Sing.	N.	χαλεπός	χαλεπή	χαλεπόν
	V.	χαλεπέ	χαλεπή	χαλεπόν
	A.	χαλεπόν	χαλεπήν	χαλεπόν
	G.	χαλεποῦ	χαλεπῆς	χαλεποῦ
	D.	χαλεπῷ	χαλεπῇ	χαλεπῷ
Dual	N.V.A.		χαλεπώ	
	G.D.		χαλεποῖν	
Plu.	N.V.	χαλεποι	χαλεπαί	χαλεπά
	A.	χαλεπούς	χαλεπάς	χαλεπά
	G.	χαλεπῶν	χαλεπῶν	χαλεπῶν
	D.	χαλεποῖς	χαλεπαῖς	χαλεποῖς

Where the termination is preceded by ι or ρ, the Fem. Sing. keeps the *a* throughout (like σοφία, p. 100). Thus πλούσιος, *wealthy*, has Fem. πλουσία, πλουσίαν, πλουσίας, πλουσίᾳ.

Most *compound* adjectives and some others have no separate forms for the Feminine. Thus ἔνδοξος, *notable*, is both Masc. and Fem.

Contracted type

[-εος or -οος].

χρυσοῦς (χρυσέος), *golden*

	MASC.	FEM.	NEUT.
Sing. N.V.	χρυσοῦς	χρυσῆ	χρυσοῦν
A.	χρυσοῦν	χρυσῆν	χρυσοῦν
G.	χρυσοῦ	χρυσῆς	χρυσοῦ
D.	χρυσῷ	χρυσῇ	χρυσῷ
Dual N.V.A.		χρυσώ	
G.D.		χρυσοῖν	
Plu. N.V.	χρυσοῖ	χρυσαῖ	χρυσᾶ
A.	χρυσοῦς	χρυσᾶς	χρυσᾶ
G.	χρυσῶν	χρυσῶν	χρυσῶν
D.	χρυσοῖς	χρυσαῖς	χρυσοῖς

Where the -εος or -υος is preceded by ρ, the Fem. Sing. keeps *a*. Thus the Fem. of ἀργυροῦς, *of silver*, is ἀργυρᾶ, ἀργυρᾶν, ἀργυρᾶς, ἀργυρᾷ.

II

Adjectives with 3rd Declension forms

	εὐγενής, *noble*		σώφρων, *prudent*	
	MASC. FEM.	NEUT.	MASC. FEM.	NEUT.
Sing. N.	εὐγενής	εὐγενές	σώφρων	σῶφρον
V.	εὐγενές	εὐγενές	σῶφρον	σῶφρον
A.	εὐγενῆ	εὐγενές	σώφρονα	σῶφρον
G.	εὐγενοῦς		σώφρονος	
D.	εὐγενεῖ		σώφρονι	
Dual N.V.A.	εὐγενεῖ		σώφρονε	
G.D.	εὐγενοῖν		σωφρόνοιν	
Plu. N.V.	εὐγενεῖς	εὐγενῆ	σώφρονες	σώφρονα
A.	εὐγενεῖς	εὐγενῆ	σώφρονας	σώφρονα
G.	εὐγενῶν		σωφρόνων	
D.	εὐγενέσι		σώφροσι	

Comparatives are declined as follows :—

	ἥττων, *less*	
	MASC. FEM.	NEUT.
Sing. N.	ἥττων	ἧττον
V.	ἧττον	ἧττον
A.	ἥττονα or ἥττω	ἧττον
G.	ἥττονος	
D.	ἥττονι	
Dual N.V.A.	ἥττονε	
G.D.	ἡττόνοιν	
Plu. N.V.	ἥττονες or ἥττους	ἥττονα or ἥττω
A.	ἥττονας or ἥττους	ἥττονα or ἥττω
G.	ἡττόνων	
D.	ἥττοσι	

III

Adjectives which have Masculine and Neuter of 3rd Declension forms, Feminine of the 1st Declension.

ἡδύς, *sweet.*

	MASC.	FEM.	NEUT.
Sing. N.V.	ἡδύς	ἡδεῖα	ἡδύ
A.	ἡδύν	ἡδεῖαν	ἡδύ
G.	ἡδέος	ἡδείας	ἡδέος
D.	ἡδεῖ	ἡδείᾳ	ἡδεῖ
Dual N.V.A.	ἡδέε	ἡδεία	ἡδέε
G.D.	ἡδέοιν	ἡδείαιν	ἡδέοιν
Plu. N.V.	ἡδεῖς	ἡδεῖαι	ἡδέα
A.	ἡδεῖς	ἡδείας	ἡδέα
G.	ἡδέων	ἡδειῶν	ἡδέων
D.	ἡδέσι	ἡδείαις	ἡδέσι

πᾶς, *every* (pl. *all*).

	MASC.	FEM.	NEUT.
Sing. N.V.	πᾶς	πᾶσα	πᾶν
A.	πάντα	πᾶσαν	πᾶν
G.	παντός	πάσης	παντός
D.	παντί	πάσῃ	παντί
Plu. N.V.	πάντες	πᾶσαι	πάντα
A.	πάντας	πάσας	πάντα
G.	πάντων	πασῶν	πάντων
D.	πᾶσι	πάσαις	πᾶσι

To this Class belong all Participles except those ending in -ος. *E.g.* from λύω, *I loose—*

Present Participle Active.

		MASC.	FEM.	NEUT.
Sing.	N.	λύων	λύουσα	λῦον
	G.	λύοντος	λυούσης	λύοντος
Plu.	D.	λύουσι	λυούσαις	λύουσι

Aorist Participle Active.

		MASC.	FEM.	NEUT.
Sing.	N.	λύσας	λύσασα	λῦσαν
	G.	λύσαντος	λυσάσης	λύσαντος
Plu.	D.	λύσασι	λυσάσαις	λύσασι

Perfect Participle Active.

		MASC.	FEM.	NEUT.
Sing.	N.	λελυκώς	λελυκυῖα	λελυκός
	G.	λελυκότος	λελυκυίας	λελυκότος
Plu.	D.	λελυκόσι	λελυκυίαις	λελυκόσι

Aorist Participle Passive.

		MASC.	FEM.	NEUT.
Sing.	N.	λυθείς	λυθεῖσα	λυθέν
	G.	λυθέντος	λυθείσης	λυθέντος
Plu.	D.	λυθεῖσι	λυθείσαις	λυθεῖσι

IRREGULAR ADJECTIVES

μέγας, *great.*

		MASC.	FEM.	NEUT.
Sing.	N.V.	μέγας	μεγάλη	μέγα
	A.	μέγαν	μεγάλην	μέγα
	G.	μεγάλου	μεγάλης	μεγάλου
	D.	μεγάλῳ	μεγάλῃ	μεγάλῳ
Plu.	N.V.	μεγάλοι	μεγάλαι	μεγάλα
	A.	μεγάλους	μεγάλας	μεγάλα
	G.	μεγάλων	μεγάλων	μεγάλων
	D.	μεγάλοις	μεγάλαις	μεγάλοις

πολύς, *much* (pl. *many*).

		MASC.	FEM.	NEUT.
Sing.	N.V.	πολύς	πολλή	πολύ
	A.	πολύν	πολλήν	πολύ
	G.	πολλοῦ	πολλῆς	πολλοῦ
	D.	πολλῷ	πολλῇ	πολλῷ
Plu.	N.V.	πολλοί	πολλαί	πολλά
	A.	πολλούς	πολλάς	πολλά
	G.	πολλῶν	πολλῶν	πολλῶν
	D.	πολλοῖς	πολλαῖς	πολλοῖς

COMPARISON OF ADJECTIVES

(1) The Comparative and Superlative are usually formed by adding -τερος, -τατος, to the stem of the Positive.

> **e.g.** κοῦφος (stem κουφο) *light*, κουφότερος, κουφότατος.
>
> ἀληθής (stem ἀληθες) *true*, ἀληθέστερος, ἀληθέστατος.

But when the last syllable but one of the Positive has a short vowel (and is not followed by two consonants or a double consonant), the *o* of the stem is lengthened to ω in the Comparative and Superlative.

> e.g. νέος (stem νεο) *new*, νεώτερος, νεώτατ)ς.

(2) Adjectives in -ων (stem -ον-) form the Comparative and Superlative by adding -εστερος, -εστατος to the stem.

> e.g. σώφρων (stem σωφρον) *prudent*, σωφρονέστερος, σωφρονέστατος.

(3) A number of Adjectives form Comparative and Superlative by the terminations -ιων, -ιστος. As this generally causes some change of stem they can only be learnt by practice.

The most important are :—

	COMPARATIVE.	SUPERLATIVE.
ἡδύς, *sweet*	ἡδίων	ἥδιστος
καλός, *beautiful*	καλλίων	κάλλιστος
μέγας, *great*	μείζων	μέγιστος
ῥᾴδιος, *easy*	ῥᾴων	ῥᾷστος
ταχύς, *swift*	θάττων	τάχιστος

The following common words are still more irregular :—

	COMPARATIVE.	SUPERLATIVE.
ἀγαθός, *good*	ἀμείνων	ἄριστος
	βελτίων	βέλτιστος
κακός, *bad*	κακίων	κάκιστος
	χείρων	χείριστος
μικρός, *small*	μικρότερος	μικρότατος
	ἐλάττων	ἐλάχιστος
ὀλίγος, *little* (pl. *few*)	ἐλάττων	ἐλάχιστος
		ὀλίγιστος
πολύς, *much* (pl. *many*)	πλείων	πλεῖστος

ADVERBS

An Adverb can usually be formed by substituting
-ως for the last syllable of the **Genitive Masculine** of
the Adjective.

e.g.

	ADJECTIVE.	ADVERB.
κοῦφος	(Gen. κούφου)	κούφως
σώφρων	(Gen. σώφρονος)	σωφρόνως
ἀληθής	(Gen. ἀληθοῦς)	ἀληθῶς
ἡδύς	(Gen. ἡδέος)	ἡδέως

The Neuter Singular of the Comparative Adjective
is used as a Comparative Adverb, the Neuter Plural of
the Superlative Adjective is used as the Superlative
Adverb.

e.g.

	COMPARATIVE.	SUPERLATIVE.
κούφως	κουφότερον	κουφότατα
ἡδέως	ἥδιον	ἥδιστα

Notice especially

μάλα, *very*	μᾶλλον, *more*	μάλιστα, *most*

PRONOUNS

I. Personal Pronouns

	First Person.	Second Person.
Sing. N.V.	ἐγώ	σύ
A.	ἐμέ, με	σέ, σε
G.	ἐμοῦ, μου	σοῦ, σου
D.	ἐμοί, μοι	σοί, σοι
Dual N.V.A.	νώ	σφώ
G.D.	νῷν	σφῷν
Plu. N.V.	ἡμεῖς	ὑμεῖς
A.	ἡμᾶς	ὑμᾶς
G.	ἡμῶν	ὑμῶν
D.	ἡμῖν	ὑμῖν

The Third Person Pronoun is supplied by Demonstra-
tives. The most common equivalent for *him, her, it,* in
the oblique cases is αὐτόν, αὐτήν, αὐτό etc. (See p. 118).
The Nominative is not usually expressed, but when
required for the sake of clearness any case may be
expressed by some Demonstrative like οὗτος, ἐκεῖνος
(p. 118), or ὁ μὲν . . ὁ δέ.

Reflexive Personal Pronouns

FIRST PERSON.

myself.

		MASC.	FEM.
Sing.	A.	ἐμαυτόν	ἐμαυτήν
	G.	ἐμαυτοῦ	ἐμαυτῆς
	D.	ἐμαυτῷ	ἐμαυτῇ
Plu.	A.	ἡμᾶς αὐτούς	ἡμᾶς αὐτάς
	G.	ἡμῶν αὐτῶν	
	D.	ἡμῖν αὐτοῖς	ἡμῖν αὐταῖς

SECOND PERSON.

yourself.

		MASC.	FEM.
Sing.	A.	σεαυτόν, σαυτόν	σεαυτήν, σαυτήν
	G.	σεαυτοῦ, σαυτοῦ	σεαυτῆς, σαυτῆς
	D.	σεαυτῷ, σαυτῷ	σεαυτῇ, σαυτῇ
Plu.	A.	ὑμᾶς αὐτούς	ὑμᾶς αὐτάς
	G.	ὑμῶν αὐτῶν	
	D	ὑμῖν αὐτοῖς	ὑμῖν αὐταῖς

Reflexive Personal Pronouns (*continued*)

THIRD PERSON.

		himself.	*herself.*
		MASC.	FEM.
Sing.	A.	ἑαυτόν, αὑτόν	ἑαυτήν, αὑτήν
	G.	ἑαυτοῦ, αὑτοῦ	ἑαυτῆς, αὑτῆς
	D.	ἑαυτῷ, αὑτῷ	ἑαυτῇ, αὑτῇ
Plu.	A.	σφᾶς αὐτούς	σφᾶς αὐτάς
	G.	σφῶν αὐτῶν	σφῶν αὐτῶν
	D.	σφίσιν αὐτοῖς	σφίσιν αὐταῖς

itself.

NEUT.

Sing.	A.	ἑαυτό, αὑτό
	G.	ἑαυτοῦ, αὑτοῦ
	D.	ἑαυτῷ, αὑτῷ

In the Plural, M. and F., the forms ἑαυτούς, ἑαυτάς, etc., may be used instead of the above, and in the Genitive ἑαυτῶν is commoner than σφῶν αὐτῶν.

Possessive Adjectives

The Possessive Adjectives corresponding to the Personal Pronouns are :—

ἐμός, -ή, -όν, *my*   ἡμέτερος, -α, -ον, *our*

σός, -ή, -όν, *thy, your*   ὑμέτερος, -α, -ον, *your*

II. Demonstrative Pronouns

The commonest Demonstrative Pronouns are:—

οὗτος, αὕτη, τοῦτο, *this* or *that* (*near you*)
ἐκεῖνος, ἐκείνη, ἐκεῖνο, *that* (*yonder*)
ὅδε, ἥδε, τόδε, *this* (*near me*)

and in certain uses also

αὐτός, αὐτή, αὐτό

and   ὁ, ἡ, τό (the Definite Article)
which were both originally Demonstrative Pronouns.

		MASC.	FEM.	NEUT.
Sing.	N.V.	οὗτος	αὕτη	τοῦτο
	A.	τοῦτον	ταύτην	τοῦτο
	G.	τούτου	ταύτης	τούτου
	D.	τούτῳ	ταύτῃ	τούτῳ
Dual	N.V.A.		τούτω	
	G.D.		τούτοιν	
Plu.	N.V.	οὗτοι	αὗται	ταῦτα
	A.	τούτους	ταύτας	ταῦτα
	G.	τούτων	τούτων	τούτων
	D.	τούτοις	ταύταις	τούτοις

ἐκεῖνος and αὐτός, are declined with the same terminations as οὗτος, ὅδε is declined like the Definite Article (p. 99), with the suffix δε throughout.

The uses of αὐτός are as follows:—

(1) In oblique cases as 3rd Person Personal Pronoun—*him, her, it.*   (See p. 115.)

(2) In all cases with the meaning *self* (Lat. *ipse*).
    e.g. αὐτὸς ὁ νεανίας, *the young man himself.*

(3) With the Definite Article with the meaning *the same* (Lat. *idem*).
    e.g. ὁ αὐτὸς νεανίας, *the same young man.*

III. Relative Pronouns

ὅς, ἥ, ὅ *who, which* (Lat. *qui, quae, quod*).

	MASC.	FEM.	NEUT.
Sing. N.	ὅς	ἥ	ὅ
A.	ὅν	ἥν	ὅ
G.	οὗ	ἧς	οὗ
D.	ᾧ	ᾗ	ᾧ
Dual N.A.		ὥ	
G.D.		οἷν	
Plu. N.	οἵ	αἵ	ἅ
A.	οὕς	ἅς	ἅ
G.	ὧν	ὧν	ὧν
D.	οἷς	αἷς	οἷς

The Indefinite Relative (*whoever, whichever*) is ὅστις, ἥτις, ὅτι, which is also used as an **Indirect Interrogative** and is declined on p. 120.

IV. Interrogative Pronouns

For Direct or Indirect Questions τίς; τί; *who? which? what?*

The forms of ὅστις can only be used for *Indirect Questions*.

		MASC. and FEM.	NEUT.
Sing.	N.	τίς	τί
	A.	τίνα	τί
	G.	τίνος or τοῦ	
	D.	τίνι or τῷ	
Dual	N.V.A.	τίνε	
	G.D.	τίνοιν	
Plu.	N.	τίνες	τίνα
	A.	τίνας	τίνα
	G.	τίνων	
	D.	τίσι	

		MASC.	FEM.	NEUT.
Sing.	N.	ὅστις	ἥτις	ὅτι
	A.	ὅντινα	ἥντινα	ὅτι
	G.	ὅτου	ἧστινος	ὅτου
	D.	ὅτῳ	ᾗτινι	ὅτῳ
Dual	N.V.A.		ὥτινε	
	G.D.		οἷντινοιν	
Plu.	N.	οἵτινες	αἵτινες	ἅττα or ἅτινα
	A.	οὕστινας	ἅστινας	ἅττα or ἅτινα
	G.		ὧντινων or ὅτων	
	D.	οἷστισι or ὅτοις	αἷστισι	οἷστισι or ὅτοις

V. Indefinite Pronouns

The simple Indefinite Pronoun is τις, τι, having the same forms as the Interrogative except as regards *accents.*

Used with a Noun it usually follows the Noun.

e.g. πολίτης τις, *a certain citizen.*

NUMERALS

	CARDINALS.	ORDINALS.
1	εἷς, μία, ἕν, one	πρῶτος, first
2	δύο	δεύτερος
3	τρεῖς, τρία	τρίτος
4	τέτταρες, τέτταρα	τέταρτος
5	πέντε	πέμπτος
6	ἕξ	ἕκτος
7	ἑπτά	ἕβδομος
8	ὀκτώ	ὄγδοος
9	ἐννέα	ἔνατος
10	δέκα	δέκατος
11	ἕνδεκα	ἑνδέκατος
12	δώδεκα	δωδέκατος
20	εἴκοσι(ν)	εἰκοστός
100	ἑκατόν	ἑκατοστός
1000	χίλιοι	χιλιοστός

The first four Cardinals are declined as follows:—

	MASC.	FEM.	NEUT.
N.	εἷς	μία	ἕν
A.	ἕνα	μίαν	ἕν
G.	ἑνός	μιᾶς	ἑνός
D.	ἑνί	μιᾷ	ἑνί

Like εἷς is declined οὐδείς, οὐδεμία, οὐδέν, *no one.*

	MASC. FEM. NEUT.
Dual N.A.	δύο
G.D.	δυοῖν

Plu.	MASC. FEM.	NEUT.	MASC. FEM.	NEUT.
N.	τρεῖς	τρία	τέτταρες	τέτταρα
A.	τρεῖς	τρία	τέτταρας	τέτταρα
G.	τριῶν		τεττάρων	
D.	τρισί		τέτταρσι	

VERBS

Those who are accustomed to the Latin Conjugations
will observe that Greek has an extra Voice, an extra
Mood and an extra Tense.

The extra Voice is called the Middle.   It bears a
Reflexive sense, generally with the force of doing a
thing for one's own advantage.   Its forms are the same
as the Passive except in the Future and Aorist.

The extra Mood is called the Optative because of its
use to express *wishes*, but it corresponds in many uses
to the Historic tenses of the Latin Subjunctive.

The extra Tense is called the Aorist, supplying a
separate *Past Definite* in Greek.   In Latin the Past
Definite (a Historic tense) and the Perfect (a Primary
tense) have only one set of forms to express both.

The Types of Greek Verbs are set out in the following
pages in this order :—

(1) The most regular type is the Verb λύω, *I loose*,
stem λυ. This stem suffers no contraction and there-
fore the conjugation of λύω shows the terminations
throughout all the tenses in their normal form.
(Pp. 126-137.)

(2) The types of Verbs which have stems ending in
a or *ε* or *o*—νικάω, *I conquer* (stem νικα); ποιέω, *I do*
(stem ποιε); δουλόω *I enslave* (stem δουλο). These
vowels can combine with a vowel termination and
contraction takes place. (Pp. 140-153.)

(3) The types of Verbs which have stems ending in
a consonant, e.g. πράττω, *I do* (stem πραγ). In these
cases the final consonant of the stem can combine with
a consonant of the termination. (Pp. 154-163.)

(4) A group of Verbs, usually called -μι Verbs
because their 1st Person Present Indicative ends in -μι
instead of -ω. They retain many primitive forms and
cannot be reduced to one type. E.g. τίθημι, *I set*;
ἵστημι, *I place*; δίδωμι, *I give*; εἰμί, *I am*; εἶμι, *I
will go*. (Pp. 164-183.)

TABLE OF TENSES

From the Verb λύω, *I loose* (stem λυ).

ACTIVE VOICE

	INDICATIVE.	SUBJUNCTIVE.	OPTATIVE.
Present.	λύω	λύω	λύοιμι
Imperfect.	ἔλυον	—	—
Future.	λύσω	—	λύσοιμι
Aorist.	ἔλυσα	λύσω	λύσαιμι
Perfect.	λέλυκα	λελυκὼς ὦ	λελυκὼς εἴην
Pluperfect.	ἐλελύκη	—	—

PASSIVE VOICE

	INDICATIVE.	SUBJUNCTIVE.	OPTATIVE.
Present.	λύομαι	λύωμαι	λυοίμην
Imperfect.	ἐλυόμην	—	—
Future.	λυθήσομαι	—	λυθησοίμην
Aorist.	ἐλύθην	λυθῶ	λυθείην
Perfect.	λέλυμαι	λελυμένος ὦ	λελυμένος εἴην
Pluperfect.	ἐλελύμην	—	—

MIDDLE VOICE

Future.	λύσομαι	—	λυσοίμην
Aorist.	ἐλυσάμην	λύσωμαι	λυσαίμην

The Middle Voice has the same forms as the Passive for the Present, Imperfect, Perfect, and Pluperfect Tenses.

Active Voice

	Imperative.	Infinitive.	Participle.
Present.	λῦε	λύειν	λύων
Imperfect.	—	—	—
Future.	—	λύσειν	λύσων
Aorist.	λῦσον	λῦσαι	λύσας
Perfect.	—	λελυκέναι	λελυκώς
Pluperfect.	—	—	—

Passive Voice

Present.	λύου	λύεσθαι	λυόμενος
Imperfect.	—	—	—
Future.	—	λυθήσεσθαι	λυθησόμενος
Aorist.	λύθητι	λυθῆναι	λυθείς
Perfect.	λέλυσο	λελύσθαι	λελυμένος
Pluperfect.	—	—	—

Middle Voice

Future.	—	λύσεσθαι	λυσόμενος
Aorist.	λῦσαι	λύσασθαι	λυσάμενος

CONJUGATION OF λύω, *I loose* (STEM λυ)

ACTIVE VOICE

		INDICATIVE.	SUBJUNCTIVE
PRESENT S.	1.	λύω	λύω
	2.	λύεις	λύῃς
	3.	λύει	λύῃ
D.	2.	λύετον	λύητον
	3.	λύετον	λύητον
P.	1.	λύομεν	λύωμεν
	2.	λύετε	λύητε
	3.	λύουσι	λύωσι
IMPERFECT S.	1.	ἔλυον	
	2.	ἔλυες	
	3.	ἔλυε	
D.	2.	ἐλύετον	
	3.	ἐλυέτην	
P.	1.	ἐλύομεν	
	2.	ἐλύετε	
	3.	ἔλυον	
FUTURE S.	1.	λύσω	
	2.	λύσεις	
	3.	λύσει	
D.	2.	λύσετον	
	3.	λύσετον	
P.	1.	λύσομεν	
	2.	λύσετε	
	3.	λύσουσι	

VERBS 129

Active Voice

	Optative.	Imperative.	Infinitive and Participle.
Pres. S. 1.	λύοιμι	—	Inf. λύειν
2.	λύοις	λῦε	Part. λύων
3.	λύοι	λυέτω	λύουσα
D. 2.	λύοιτον	λύετον	**λῦον**
3.	λυοίτην	λυέτων	
P. 1.	λύοιμεν	—	
2.	λύοιτε	λύετε	
3.	λύοιεν	λυόντων	

Fut. S. 1.	λύσοιμι	
2.	λύσοις	
3.	λύσοι	Inf. λύσειν
D. 2.	λύσοιτον	Part. λύσων
3.	λυσοίτην	λύσουσα
P. 1.	λύσοιμεν	**λῦσον**
2.	λύσοιτε	
3.	λύσοιεν	

ACTIVE VOICE (continued)

		INDICATIVE.	SUBJUNCTIVE.
AORIST S.	1.	ἔλυσα	λύσω
	2.	ἔλυσας	λύσῃς
	3.	ἔλυσε	λύσῃ
D.	2.	ἐλύσατον	λύσητον
	3.	ἐλυσάτην	λύσητον
P.	1.	ἐλύσαμεν	λύσωμεν
	2.	ἐλύσατε	λύσητε
	3.	ἔλυσαν	λύσωσι
PERFECT S.	1.	λέλυκα	λελυκὼς ὦ
	2.	λέλυκας	λελυκὼς ᾖς
	3.	λέλυκε	λελυκὼς ᾖ
D.	2.	λελύκατον	λελυκότε ἦτον
	3.	λελύκατον	λελυκότε ἦτον
P.	1.	λελύκαμεν	λελυκότες ὦμεν
	2.	λελύκατε	λελυκότες ἦτε
	3.	λελύκασι	λελυκότες ὦσι
PLUPERFECT S.	1.	ἐλελύκη	
	2.	ἐλελύκης	
	3.	ἐλελύκει(ν)	
D.	2.	ἐλελύκετον	
	3.	ἐλελυκέτην	
P.	1.	ἐλελύκεμεν	
	2.	ἐλελύκετε	
	3.	ἐλελύκεσαν	

ACTIVE VOICE (*continued*)

	OPTATIVE.	IMPERATIVE.	INFINITIVE and PARTICIPLE.
R. S. 1.	λύσαιμι	—	
2.	λύσειας	λῦσον	Inf. λῦσαι
3.	λύσειε	λυσάτω	Part. λύσας
D. 2.	λύσαιτον	λύσατον	λύσασα
3.	λυσαίτην	λυσάτων	λῦσαν
P. 1.	λύσαιμεν	—	
2.	λύσαιτε	λύσατε	
3.	λύσειαν	λυσάντων	
RF. S. 1.	λελυκὼς εἴην		
2.	λελυκὼς εἴης		Inf. λελυκέναι
3.	λελυκὼς εἴη		Part. λελυκώς
D. 2.	λελυκότε εἶτον		λελυκυῖα
3.	λελυκότε εἴτην		λελυκός
P. 1.	λελυκότες εἶμεν		
2	λελυκότες εἶτε		
3.	λελυκότες εἶεν		

Passive Voice

		Indicative.	Subjunctive.
Present	S. 1.	λύομαι	λύωμαι
	2.	λύῃ or λύει	λύῃ
	3.	λύεται	λύηται
	D. 2.	λύεσθον	λύησθον
	3.	λύεσθον	λύησθον
	P. 1.	λυόμεθα	λυώμεθα
	2.	λύεσθε	λύησθε
	3.	λύονται	λύωνται
Imperfect	S. 1.	ἐλυόμην	
	2.	ἐλύου	
	3.	ἐλύετο	
	D. 2.	ἐλύεσθον	
	3.	ἐλυέσθην	
	P. 1.	ἐλυόμεθα	
	2.	ἐλύεσθε	
	3.	ἐλύοντο	
Future	S. 1.	λυθήσομαι	
	2.	λυθήσῃ or λυθήσει	
	3.	λυθήσεται	
	D. 2.	λυθήσεσθον	
	3.	λυθήσεσθον	
	P. 1.	λυθησόμεθα	
	2.	λυθήσεσθε	
	3.	λυθήσονται	

PASSIVE VOICE (*continued*)

	OPTATIVE.	IMPERATIVE.	INFINITIVE and PARTICIPLE.
PRES. S. 1.	λυοίμην	—	
2.	λύοιο	λύου	Inf. λύεσθαι
3.	λύοιτο	λυέσθω	Part. λυόμενος
D. 2.	λύοισθον	λύεσθον	λυομένη
3.	λυοίσθην	λυέσθων	λυόμενον
P. 1.	λυοίμεθα	—	
2.	λύοισθε	λύεσθε	
3.	λύοιντο	λυέσθων	

FUT. S. 1.	λυθησοίμην		
2.	λυθήσοιο		Inf. λυθήσεσθαι
3.	λυθήσοιτο		Part. λυθησόμενος
D. 2.	λυθήσοισθον		λυθησομένη
3.	λυθησοίσθην		λυθησόμενον
P. 1.	λυθησοίμεθα		
2.	λυθήσοισθε		
3.	λυθήσοιντο		

Passive Voice (*continued*)

			Indicative.	Subjunctive.
Aorist	S.	1.	ἐλύθην	λυθῶ
		2.	ἐλύθης	λυθῇς
		3.	ἐλύθη	λυθῇ
	D.	2.	ἐλύθητον	λυθῆτον
		3.	ἐλυθήτην	λυθῆτον
	P.	1.	ἐλύθημεν	λυθῶμεν
		2.	ἐλύθητε	λυθῆτε
		3.	ἐλύθησαν	λυθῶσι
Perfect	S.	1.	λέλυμαι	λελυμένος ὦ
		2.	λέλυσαι	ᾖς
		3.	λέλυται	ᾖ
	D.	2.	λέλυσθον	λελυμένω ἦτον
		3.	λέλυσθον	ἦτον
	P.	1.	λελύμεθα	λελυμένοι ὦμεν
		2.	λέλυσθε	ἦτε
		3.	λέλυνται	ὦσι
Pluperfect	S.	1.	ἐλελύμην	
		2.	ἐλέλυσο	
		3.	ἐλέλυτο	
	D.	2.	ἐλέλυσθον	
		3.	ἐλελύσθην	
	P.	1.	ἐλελύμεθα	
		2.	ἐλέλυσθε	
		3.	ἐλέλυντο	

Passive Voice (*continued*)

	Optative.	Imperative.	Infinitive and Participle.
Aor. S. 1.	λυθείην	—	
2.	λυθείης	λύθητι	Inf. λυθῆναι
3.	λυθείη	λυθήτω	Part. λυθείς
D. 2.	λυθεῖτον	λύθητον	λυθεῖσα
3.	λυθείτην	λυθήτων	λυθέν
P. 1.	λυθεῖμεν	—	
2.	λυθεῖτε	λύθητε	
3.	λυθεῖεν	λυθέντων	

	Optative.	Imperative.	Infinitive and Participle.
Perf. S. 1.	λελυμένος εἴην	—	
2.	εἴης	λέλυσο	Inf. λελύσθαι
3.	εἴη	λελύσθω	Part. λελυμένος
D. 2.	λελυμένω εἶτον	λέλυσθον	λελυμένη
3.	εἴτην	λελύσθων	λελυμένον
P. 1.	λελυμένοι εἶμεν	—	
2.	εἶτε	λέλυσθε	
3.	εἶεν	λελύσθων	

MIDDLE VOICE

The tenses of the Middle are the same as the Passive except in the Future and Aorist. These are as follows :—

		INDICATIVE.	SUBJUNCTIVE.
FUTURE MIDDLE S.	1.	λύσομαι	
	2.	λύσῃ or λύσει	
	3.	λύσεται	
D.	2.	λύσεσθον	
	3.	λύσεσθον	
P.	1.	λυσόμεθα	
	2.	λύσεσθε	
	3.	λύσονται	
AORIST MIDDLE S.	1.	ἐλυσάμην	λύσωμαι
	2.	ἐλύσω	λύσῃ
	3.	ἐλύσατο	λύσηται
D.	2.	ἐλύσασθον	λύσησθον
	3.	ἐλυσάσθην	λύσησθον
P.	1.	ἐλυσάμεθα	λυσώμεθα
	2	ἐλύσασθε	λύσησθε
	3	ἐλύσαντο	λύσωνται

	Optative.	Imperative.	Infinitive and Participles.
Fut.Mid.S. 1.	λυσοίμην		
2.	λύσοιο		Inf. λύσεσθαι
3.	λύσοιτο		Part. λυσόμενος
D. 2.	λύσοισθον		λυσομένη
3.	λυσοίσθην		λυσόμενον
P. 1.	λυσοίμεθα		
2.	λύσοισθε		
3.	λύσοιντο		
Aor.Mid.S. 1.	λυσαίμην	—	
2.	λύσαιο	λῦσαι	Inf. λύσασθαι
3.	λύσαιτο	λυσάσθω	Part. λυσάμενος
D. 2.	λύσαισθον	λύσασθον	λυσαμένη
3.	λυσαίσθην	λυσάσθων	λυσάμενον
P. 1.	λυσαίμεθα	—	
2.	λύσαισθε	λύσασθε	
3.	λύσαιντο	λυσάσθων	

AUGMENT

All Historic Tenses in the Indicative are formed with an Augment.

(1) If the stem begins with a consonant the Augment consists of the prefix ε, as ἔλυον from λύω. An initial ρ is doubled, as ἔρριπτον from ῥίπτω.

(2) If the stem begins with a vowel, the **Augment** consists of the lengthening of this vowel.

Thus	ἄ or ε becomes η	e.g. ἦγον from ἄγω
	ῐ becomes ῑ	e.g. ἱκέτευον from ἱκετεύω
	ο becomes ω	e.g. ὤφειλον from ὀφείλω
	ῠ becomes ῡ	e.g. ὕβριζον from ὑβρίζω
So also αι becomes η		e.g. ᾔκιζον from αἰκίζω
	αυ or ευ becomes ηυ	e.g. ηὕρισκον from εὑρίσκω
	οι becomes ῳ	e.g. ᾤμωζον from οἰμώζω

Long vowels and the diphthongs ει and ου remain unchanged.

N.B.—(1) When a Verb is compounded with a Preposition, the Augment remains with the simple Verb, e.g. εἰσ-έφερον from φέρω. This usually causes the elision of a short vowel ending the Preposition, e.g. ἀπ-έβαλλον from ἀποβάλλω [but not in the case of περι or προ, e.g. περιέβαλλον, προὔβαλλον].

(2) A few Verbs for etymological reasons have irregular Augment, e.g. εἶχον from ἔχω.

REDUPLICATION

(1) Verbs beginning with a simple consonant form their Perfects with Reduplication, *i.e.* by repeating the first consonant with ε.

e.g. λέλυκα from λύω.

If the first consonant is an aspirate (θ, φ, χ), the corresponding simple letter is used for Reduplication.

e.g. πέφευγα from φεύγω.

(2) Verbs beginning with a double consonant (ζ, ξ, ψ), or with two consonants * or with ρ or with a vowel. substitute Augment for Reduplication.

e.g. ἐζήτηκα from ζητέω
ἔσταλκα from στέλλω
ἔρριφα from ῥίπτω
ἤγγελκα from ἀγγέλλω.

* But if the second consonant is λ, μ, ν or ρ the regular reduplication is used, e.g. πέπλευκα from πλέω.

Contracted Verbs

Stems in a, ϵ, o

(See p. 125.)

In these Verbs the final vowel of the stem coming into contact with a vowel of the termination causes contraction in the Present and Imperfect tenses. The other tenses are regular in their terminations but lengthen the final vowel of the stem. The following is the table of tenses of the type Verbs:—

νικάω, *I conquer.*

Act.	Pres.	νικῶ
	Imp.	ἐνίκων
	Fut.	νικήσω
	Aor.	ἐνίκησα
	Perf.	νενίκηκα
	Plup.	ἐνενικήκη
Pass.	Pres.	νικῶμαι
	Imp.	ἐνικώμην
	Fut.	νικηθήσομαι
	Aor.	ἐνικήθην
	Perf.	νενίκημαι
	Plup.	ἐνενικήμην
Mid.	Fut.	νικήσομαι
	Aor.	ἐνικησάμην

In forming the tenses of a Verbs it will be noticed that the a is lengthened to η. This is the case with all of them except where the a of the stem is preceded by ϵ, ι or ρ. Such Verbs keep a throughout.

e.g. πειράομαι, *attempt.* Aor., ἐπειρασάμην.

		ποιέω, *I do.*	δουλόω, *I enslave.*
Act.	Pres.	ποιῶ	δουλῶ
	Imp.	ἐποίουν	ἐδούλουν
	Fut.	ποιήσω	δουλώσω
	Aor.	ἐποίησα	ἐδούλωσα
	Perf.	πεποίηκα	δεδούλωκα
	Plup.	ἐπεποιήκη	ἐδεδουλώκη
Pass.	Pres.	ποιοῦμαι	δουλοῦμαι
	Imp.	ἐποιούμην	ἐδουλούμην
	Fut.	ποιηθήσομαι	δουλωθήσομαι
	Aor.	ἐποιήθην	ἐδουλώθην
	Perf.	πεποίημαι	δεδούλωμαι
	Plup	ἐπεποιήμην	ἐδεδουλώμην
Mid.	Fut.	ποιήσομαι	δουλώσομαι
	Aor.	ἐποιησάμην	ἐδουλωσάμην

a **Stems**

Rule.—α with an o sound (*o, οι, ου, ω*) becomes *ω*.

α with an ε sound (*ε, ει, η*) becomes *ᾱ*.

Wherever *ι* occurs in the contraction it becomes subscript.

νικάω, *I conquer* (stem νικα).

ACTIVE VOICE

		INDICATIVE.	SUBJUNCTIVE.
PRESENT S.	1.	νικῶ	νικῶ
	2.	νικᾷς	νικᾷς
	3.	νικᾷ	νικᾷ
D.	2.	νικᾶτον	νικᾶτον
	3.	νικᾶτον	νικᾶτον
P.	1.	νικῶμεν	νικῶμεν
	2.	νικᾶτε	νικᾶτε
	3.	νικῶσι	νικῶσι
IMPERFECT S.	1.	ἐνίκων	
	2.	ἐνίκας	
	3.	ἐνίκα	
D.	2.	ἐνικᾶτον	
	3.	ἐνικάτην	
P.	1.	ἐνικῶμεν	
	2.	ἐνικᾶτε	
	3.	ἐνίκων	

Active Voice

	Optative.	Imperative.	Infinitive and Participles.
Pres. S. 1.	νικῴην*	—	
2.	νικῴης*	νίκα	Inf. νικᾶν†
3.	νικῴη*	νικάτω	Part. νικῶν
D. 2.	νικῷτον	νικᾶτον	νικῶσα
3.	νικῴτην	νικάτων	νικῶν
P. 1.	νικῷμεν	—	
2.	νικῷτε	νικᾶτε	
3.	νικῷεν	νικώντων	

* Contracted from terminations -οιην -οιης -οιη, not from the -οιμι -οις -οι of the λύω type.

† Contracted from an early form that had no ι in it.

Passive and Middle Voices

	Indicative.	Subjunctive.
PRESENT S. 1.	νικῶμαι	νικῶμαι
2.	νικᾷ	νικᾷ
3.	νικᾶται	νικᾶται
D. 2.	νικᾶσθον	νικᾶσθον
3.	νικᾶσθον	νικᾶσθον
P. 1.	νικώμεθα	νικώμεθα
2.	νικᾶσθε	νικᾶσθε
3.	νικῶνται	νικῶνται

IMPERFECT S. 1.	ἐνικώμην
2.	ἐνικῶ
3.	ἐνικᾶτο
D. 2.	ἐνικᾶσθον
3.	ἐνικάσθην
P. 1.	ἐνικώμεθα
2.	ἐνικᾶσθε
3.	ἐνικῶντο

Passive and Middle Voices

	Optative.	Imperative.	Infinitive and Participle.
Pres. S. 1.	νικῴμην	—	Inf. νικᾶσθαι
2.	νικῷο	νικῶ	Part. νικώμενος
3.	νικῷτο	νικάσθω	νικωμένη
D. 2.	νικῷσθον	νικᾶσθον	νικώμενον
3.	νικῴσθην	νικάσθων	
P. 1.	νικῴμεθα	—	
2.	νικῷσθε	νικᾶσθε	
3.	νικῷντο	νικάσθων	

ε Stems

Rule.—ε + ε becomes ει

ε + ο becomes ου

Before any long vowel ε is dropped.

ποιέω, *I do,* (stem ποιε).

ACTIVE VOICE

			INDICATIVE.	SUBJUNCTIVE.
PRESENT	S.	1.	ποιῶ	ποιῶ
		2.	ποιεῖς	ποιῇς
		3.	ποιεῖ	ποιῇ
	D.	2.	ποιεῖτον	ποιῆτον
		3.	ποιεῖτον	ποιῆτον
	P.	1.	ποιοῦμεν	ποιῶμεν
		2.	ποιεῖτε	ποιῆτε
		3.	ποιοῦσι	ποιῶσι
IMPERFECT	S.	1.	ἐποίουν	
		2.	ἐποίεις	
		3.	ἐποίει	
	D.	2.	ἐποιεῖτον	
		3.	ἐποιείτην	
	P.	1.	ἐποιοῦμεν	
		2.	ἐποιεῖτε	
		3.	ἐποίουν	

ACTIVE VOICE

	OPTATIVE.	IMPERATIVE.	INFINITIVE and PARTICIPLE.
PRES. S. 1.	ποιοίην	—	
2.	ποιοίης	ποίει	Inf. ποιεῖν
3.	ποιοίη	ποιείτω	Part. ποιῶν
D. 2.	ποιοῖτον	ποιεῖτον	ποιοῦσα
3.	ποιοίτην	ποιείτων	ποιοῦν
P. 1.	ποιοῖμεν	—	
2.	ποιοῖτε	ποιεῖτε	
3.	ποιοῖεν	ποιούντων	

Passive and Middle Voices

		Indicative.	Subjunctive.
Present S.	1.	ποιοῦμαι	ποιῶμαι
	2.	ποιῇ or ποιεῖ	ποιῇ
	3.	ποιεῖται	ποιῆται
D.	2.	ποιεῖσθον	ποιῆσθον
	3.	ποιεῖσθον	ποιῆσθον
P.	1.	ποιούμεθα	ποιώμεθα
	2.	ποιεῖσθε	ποιῆσθε
	3.	ποιοῦνται	ποιῶνται
Imperfect S.	1.	ἐποιούμην	
	2.	ἐποιοῦ	
	3.	ἐποιεῖτο	
D.	2.	ἐποιεῖσθον	
	3.	ἐποιείσθην	
P.	1.	ἐποιούμεθα	
	2	ἐποιεῖσθε	
	3.	ἐποιοῦντο	

PASSIVE AND MIDDLE VOICES

	OPTATIVE.	IMPERATIVE.	INFINITIVE and PARTICIPLE.
PRES. S. 1.	ποιοίμην	—	
2.	ποιοῖο	ποιοῦ	Inf. ποιεῖσθαι
3.	ποιοῖτο	ποιείσθω	Part. ποιούμενος
D. 2.	ποιοῖσθον	ποιεῖσθον	ποιουμένη
3.	ποιοίσθην	ποιείσθων	ποιούμενον
P. 1.	ποιοίμεθα	—	
2.	ποιοῖσθε	ποιεῖσθε	
3.	ποιοῖντο	ποιείσθων	

150

GRAMMAR

o **Stems**

Rule.—o with ε, o or ου becomes **ου**
o with η or ω becomes ω
But any combination in which ι occurs
becomes οι.

δουλόω, *I enslave* (**stem** δουλο).

ACTIVE VOICE

		INDICATIVE.	SUBJUNCTIVE.
PRESENT S.	1.	δουλῶ	δουλῶ
	2.	δουλοῖς	δουλοῖς
	3.	δουλοῖ	δουλοῖ
D.	2.	δουλοῦτον	δουλῶτον
	3.	δουλοῦτον	δουλῶτον
P.	1.	δουλοῦμεν	δουλῶμεν
	2.	δουλοῦτε	δουλῶτε
	3.	δουλοῦσι	δουλῶσι
IMPERFECT S.	1.	ἐδούλουν	
	2.	ἐδούλους	
	3.	ἐδούλου	
D.	2.	ἐδουλοῦτον	
	3.	ἐδουλούτην	
P.	1.	ἐδουλοῦμεν	
	2.	ἐδουλοῦτε	
	3.	ἐδούλουν	

ACTIVE VOICE

	OPTATIVE.	IMPERATIVE.	INFINITIVE and PARTICIPLE.
PRES. S. 1.	δουλοίην	—	
2.	δουλοίης	δούλου	Inf. δουλοῦν*
3.	δουλοίη	δουλούτω	Part. δουλῶν
D. 2.	δουλοῖτον	δουλοῦτον	δουλοῦσα
3.	δουλοίτην	δουλούτων	δουλοῦν
P. 1.	δουλοῖμεν	—	
2.	δουλοῖτε	δουλοῦτε	
3.	δουλοῖεν	δουλούντων	

* Contracted from an early form which had no ι in it.

Passive and Middle Voices

		Indicative.	Subjunctive.
Present S.	1.	δουλοῦμαι	δουλῶμαι
	2.	δουλοῖ	δουλοῖ
	3.	δουλοῦται	δουλῶται
D.	2.	δουλοῦσθον	δουλῶσθον
	3.	δουλοῦσθον	δουλῶσθον
P.	1.	δουλούμεθα	δουλώμεθα
	2.	δουλοῦσθε	δουλῶσθε
	3.	δουλοῦνται	δουλῶνται
Imperfect S.	1.	ἐδουλούμην	
	2.	ἐδουλοῦ	
	3.	ἐδουλοῦτο	
D.	2.	ἐδουλοῦσθον	
	3.	ἐδουλούσθην	
P.	1.	ἐδουλούμεθα	
	2.	ἐδουλοῦσθε	
	3.	ἐδουλοῦντο	

PASSIVE AND MIDDLE VOICES

	OPTATIVE.	IMPERATIVE.	INFINITIVE and PARTICIPLE.
PRES. S. 1.	δουλοίμην	—	
2.	δουλοῖο	δουλοῦ	Inf. δουλοῦσθαι
3.	δουλοῖτο	δουλούσθω	Part. δουλούμενος
D. 2.	δουλοῖσθον	δουλοῦσθον	δουλουμένη
3.	δουλοίσθην	δουλούσθων	δουλούμενον
P. 1.	δουλοίμεθα	—	
2.	δουλοῖσθε	δουλοῦσθε	
3.	δουλοῦντο	δουλούσθων	

Weak and Strong Tenses

In conjugating Verbs with Vowel Stems, the Aorists have all been of one type with these endings, viz. :—

ACTIVE	PASSIVE	MIDDLE
-σα	-θην	-σαμην.

These are called First or Weak Aorists.

But when we come to deal with Verbs which have stems ending in a consonant, we find that many of them have Aorists formed in a different way, viz. with the endings:—

ACTIVE	PASSIVE	MIDDLE
-ον	-ην	-ομην.

These are called Second or Strong Aorists. Many Verbs have a Weak Aorist in one Voice, Strong Aorist in another. Few Verbs have both Aorists in the same Voice, but e.g., from πείθω (Verb Stem πιθ, πειθ), we have ἔπεισα and ἔπιθον.

The Strong Aorists in *-ον* and *-ομην* are conjugated
like the Imperfects of λύω. The Passive Aorist in *-ην*
is conjugated according to the following type:—

From πλέκω, *I strike.* (Verb stem πλέκ.)

INDIC.	SUBJ.	OPTA.	IMPER.	INFIN. and PART.
ἐπλάκην	πλακῶ	πλακείην	—	Inf. πλακῆναι
ἐπλάκης	πλακῇς	πλακείης	πλάκηθι	Part. πλακείς
ἐπλάκη	πλακῇ	πλακείη	πλακήτω	

etc. as Weak Aor. Pass.

In Verbs with Vowel stems the Perfect Active is
formed by the suffix *-κα*. This is called a Weak
Perfect. But Consonant stems sometimes form their
Perfect without the *κ*, e.g. from γράφω (Verb-stem
γραφ) we have γέγραφα. This is called a Strong
Perfect.

Many ending in *κ, γ, π, β* form this Perfect by
aspirating the consonant, e.g. from πλέκω (Verb-stem
πλεκ) we have πέπλεχα.

Verb Stem—Present Stem

In dealing with Vowel-Stem Verbs the Present Tense has been a sufficient guide to the Verb Stem—the Present Stem is either the Verb Stem or the Verb Stem lengthened (λῡω, λῠ).

In Consonant Stem Verbs this may also be the case as in ἄγω from Verb Stem ἀγ. But most often it is not so. And as the tenses are formed from the Verb Stem, *not* from the Present Stem, it is of great importance to be able to arrive at the former. Often cognate words will show it, e.g. πρᾶγμα will suggest that the stem of πράττω is πραγ. But the following table of methods by which the Present Stem is formed from the Verb Stem will often assist:—

	VERB STEM.	PRESENT.
(1) P.S. = V.S. lengthened		
e.g.	φυγ	φεύγω, *flee*
	λιπ	λείπω, *leave*
(2) P.S. = V.S. + τ		
e.g.	τυπ	τύπτω, *strike*
	βλαβ	βλάπτω, *harm*

VERB STEM.	PRESENT.

(3) P.S. = V.S. + ι

	e.g. φυλακ	φυλάσσω, *guard*
		(for φυλακιω)
	φραδ	φράζω, *tell* (for φραδιω)
	βαλ	βάλλω, *cast* (for βαλιω)
	κτεν	κτείνω, *slay* (for κτενιω)

(4) P.S. V.S. + σκ

	e.g. ἡβα	ἡβάσκω, *grow young*

(5) P.S. V.S. + a nasal

	e.g. δακ	δάκνω, *bite*
	ἁμαρτ	ἁμαρτάνω, *err*
	ἱκ	ἱκ-νέ-ομαι, *arrive*
	λαβ	λα-μ-β-άν-ω, *take*
	βα	βαίνω, *go* (for βα-νι-ω).

Conjugation of Consonant Stem Verbs

When we know the Verb Stem of a Consonant Verb and attempt to conjugate it by adding the terminations learnt from λύω as a type, the final consonant of the stem will often come into contact with an initial consonant of the termination, and the laws of euphony forbid their standing together without some change The usual changes can be tabulated as follows:—

	Before σ	Before θ	Before μ	Before
Any Labial (π, β, ϕ)	Becomes π & forms ψ	Becomes ϕ	Becomes μ	Become
Any Guttural (κ, γ, χ)	Becomes κ & forms ξ	Becomes χ	Becomes γ	Become
Any Dental (τ, δ, θ)	Is dropped	Becomes σ	Becomes σ	Become
Liquids (λ, ρ)	Need no change			
Nasal (ν)	No change	No change	Becomes σ	No chan

These changes are all illustrated by the conjugation of the Perfect Passive of typical Verbs:—

LABIALS λείπω. V.S. λιπ, λειπ.

INDICATIVE.	IMPERATIVE.	OTHER MOODS.
S. 1. λέλειμμαι	—	
2. λέλειψαι	λέλειψο	Subj. λελειμμένος ὦ
3. λέλειπται	λελείφθω	Opt. λελειμμένος εἴην
D. 2. λέλειφθον	λέλειφθον	Inf. λελεῖφθαι
3. λέλειφθον	λελείφθων	Part. λελειμμένος
P. 1. λελείμμεθα	—	
2. λέλειφθε	λέλειφθε	
3. λελειμμένοι εἰσί	λελείφθων	

GUTTURALS πράττω. V.S. πραγ.

INDICATIVE.	IMPERATIVE.	OTHER MOODS.
S. 1. πέπραγμαι	—	
2. πέπραξαι	πέπραξο	Subj. πεπραγμένος ὦ
3. πέπρακται	πεπράχθω	Opt. πεπραγμένος εἴην
D. 2. πέπραχθον	πέπραχθον	Inf. πεπράχθαι
3. πέπραχθον	πεπράχθων	Part. πεπραγμένος
P. 1. πεπράγμεθα	—	
2 πέπραχθε	πέπραχθε	
3. πεπραγμένοι εἰσί	πεπράχθων	

DENTALS πείθω.   V.S. πιθ, πειθ.

S. 1. πέπεισμαι	—	Subj.	πεπεισμένος ὦ
2. πέπεισαι	πέπεισο	Opt.	πεπεισμένος εἴη
3. πέπεισται	πεπείσθω	Inf.	πεπεῖσθαι
D. 2. πέπεισθον	πέπεισθον	Part.	πεπεισμένος
3. πέπεισθον	πεπείσθων		
P. 1. πεπείσμεθα	—		
2. πέπεισθε	πέπεισθε		
3. πεπεισμένοι εἰσί	πεπείσθων		

LIQUIDS σπείρω.   V.S. σπερ.

S. 1. ἔσπαρμαι	—	Subj.	ἐσπαρμένος ὦ
2. ἔσπαρσαι	ἔσπαρσο	Opt.	ἐσπαρμένος εἴην
3. ἔσπαρται	ἐσπάρθω	Inf.	ἐσπάρθαι
D. 2. ἔσπαρθον	ἔσπαρθον	Part.	ἐσπαρμένος
3. ἔσπαρθον	ἐσπάρθων		
P. 1. ἐσπάρμεθα	—		
2. ἔσπαρθε	ἔσπαρθε		
3. ἐσπαρμένοι εἰσί	ἐσπάρθων		

NASALS φαίνω.   V.S. φαν.

S. 1. πέφασμαι	—	Subj.	πεφασμένος ὦ
2. πέφανσαι	πέφανσο	Opt.	πεφασμένος εἴην
3. πέφανται	πεφάνθω	Inf.	πεφάνθαι
D. 2. πέφανθον	πέφανθον	Part.	πεφασμένος
3. πέφανθον	πεφάνθων		
P. 1. πεφάσμεθα	—		
2. πέφανθε	πέφανθε		
3. πεφασμένοι εἰσί	πεφάνθων		

Future and Weak Aorist of Liquids and Nasals

Verbs whose stems end in λ, ρ, μ, ν have contracted Futures without σ in the Active and Middle:—

E.G.	VERB STEM.	ACTIVE.	MIDDLE.
ἀγγέλλω	ἀγγελ	ἀγγελῶ	ἀγγελοῦμαι
σπείρω	σπερ	σπερῶ	σπεροῦμαι
τέμνω	τεμ	τεμῶ	τεμοῦμαι
φαίνω	φαν	φανῶ	φανοῦμαι

These Futures are conjugated in all moods, like the Present of ποιέω. Thus φανῶ, φανεῖς, φανεῖ etc. φανοῦμαι, φανεῖ, φανεῖται, etc.

The same group of Verbs has usually Weak Aorist without σ, but with the vowel of the V.S. lengthened:—

E.G.	VERB STEM.	ACTIVE.	MIDDLE.
σπείρω	σπερ	ἔσπειρα	ἐσπειράμην
φαίνω	φαν	ἔφηνα	ἐφηνάμην

The following is the table of tenses of the foregoing types of Consonant Verbs :—

		LABIAL.	GUTTURAL.
	VERB STEM.	λιπ, λειπ	πραγ
ACTIVE.	Pres.	λείπω	πράττω
	Fut.	λείψω	πράξω
	Wk. Aor.	—	ἔπραξα
	Str. Aor.	ἔλιπον	—
	Perf.	λέλοιπα	πέπραχα
			πέπραγα (Intrans.)
PASSIVE.	Pres.	λείπομαι	πράττομαι
	Fut.	λειφθήσομαι	πραχθήσομαι
	Wk. Aor.	ἐλείφθην	ἐπράχθην
	Str. Aor.	—	—
	Perf.	λέλειμμαι	πέπραγμαι
MIDDLE.	Fut.	λείψομαι	πράξομαι
	Wk. Aor.	—	ἐπραξάμην
	Str. Aor	ἐλιπόμην	—

	DENTAL.	LIQUID.	NASAL.
VERB STEM.	πιθ, πειθ	σπερ, σπειρ	φαν
ACT. Pres.	πείθω	σπείρω	φαίνω
Fut.	πείσω	σπερῶ	φανῶ
Wk. Aor.	ἔπεισα	ἔσπειρα	ἔφηνα
Str. Aor.	ἔπιθον	—	—
Perf.	πέπεικα	ἔσπαρκα	πέφηνα
	πέποιθα (Intrans.)		(Intrans.)
PASS. Pres.	πείθομαι	σπείρομαι	φαίνομαι
Fut.	πεισθήσομαι	σπαρθήσομαι	φανήσομαι
Wk. Aor.	ἐπείσθην	—	ἐφάνθην
Str. Aor.	—	ἐσπάρην	ἐφάνην
Perf.	πέπεισμαι	ἔσπαρμαι	πέφασμαι
MID. Fut.	πείσομαι	—	φανοῦμαι
Wk. Aor.	—	—	ἐφηνάμην
Str. Aor.	ἐπιθόμην	—	—

Verbs in $\mu\iota$

Verbs in -$\mu\iota$ differ from Verbs in -ω in their Present, Imperfect and Strong Aorist. The difference is due to the fact that the Person endings are added direct to the stem without a connecting vowel. Besides the Verbs εἰμί, *I am*, εἶμι, *I will go*, and φημί, *I say* (for which see pp. 178-181), the principal Verbs of this class are τίθημι, *I place*; ἵστημι, *I set*; ἵημι, *I send*; δίδωμι, *I give*; the following table of their tenses will be found useful:—

		τίθημι *
	Verb Stem.	θε, θη
Active.	Pres.	τίθημι
	Imp.	ἐτίθην
	Fut.	θήσω
	Wk. Aor.	ἔθηκα (Sing.)
	Str. Aor.	ἔθεμεν (Plur.)
	Perf.	τέθηκα
Middle and Passive.	Pres.	τίθεμαι
	Imp.	ἐτιθέμην
Middle.	Fut.	θήσομαι
Passive.	„	τεθήσομαι
Middle.	Str. Aor.	ἐθέμην
	Wk. Aor.	—
Passive.	Wk. Aor.	ἐτέθην
Middle and Passive.	Perf.	—

* The Present Tenses of these Verbs are all formed by Reduplication with ι, e.g. ἵστημι = σι-στημι.

		ἵστημι *	ἵημι *	δίδωμι *
	Verb Stem.	στᾰ, στη	ἑ, ἡ	δο, δω
CT.	Pres.	ἵστημι	ἵημι	δίδωμι
	Imp.	ἵστην	ἵην	ἐδίδουν
	Fut.	στήσω	ἥσω	δώσω
	Wk. Aor.	ἔστησα (trans.)	ἧκα (Sing.)	ἔδωκα (Sing.)
	Str. Aor.	ἔστην (intrans.)	εἷμεν (Plur.)	ἔδομεν (Plur.)
	Perf.	ἔστηκα (intrans.)	εἷκα	δέδωκα
ID. & Pas.	Pres.	ἵσταμαι	ἵεμαι	δίδομαι
	Imp.	ἱστάμην	ἱέμην	ἐδιδόμην
ID.	Fut.	στήσομαι	ἥσομαι	δώσομαι
AS.	Fut.	σταθήσομαι	ἑθήσομαι	δοθήσομαι
ID.	Str. Aor.	—	εἵμην	ἐδόμην
	Wk. Aor.	ἐστησάμην	—	—
AS.	Wk. Aor.	ἐστάθην	εἵθην	ἐδόθην
ID. & Pas.	Perf.	—	εἷμαι	δέδομαι

Present and Aorist Tenses of τίθημι, I place
(stem θε, θη)

ACTIVE VOICE

		INDICATIVE.		SUBJUNCTIVE
PRESENT S.	1.	τίθημι		τιθῶ
	2.	τίθης		τιθῇς
	3.	τίθησι		τιθῇ
D.	2.	τίθετον		τιθῆτον
	3.	τίθετον		τιθῆτον
P.	1.	τίθεμεν		τιθῶμεν
	2.	τίθετε		τιθῆτε
	3.	τιθέασι		τιθῶσι

IMPERFECT S.	1.	ἐτίθην
	2.	ἐτίθεις
	3.	ἐτίθει
D.	2.	ἐτίθετον
	3.	ἐτιθέτην
P.	1.	ἐτίθεμεν
	2.	ἐτίθετε
	3.	ἐτίθεσαν

		Strong.	Weak.	
AORIST S.	1.	—	ἔθηκα	θῶ
	2.	—	ἔθηκας	θῇς
	3.	—	ἔθηκε	θῇ
D.	2.	ἔθετον	—	θῆτον
	3.	ἐθέτην	—	θῆτον
P.	1.	ἔθεμεν	—	θῶμεν
	2.	ἔθετε	—	θῆτε
	3.	ἔθεσαν	ἔθηκαν	θῶσι

ACTIVE VOICE

		OPTATIVE.	IMPERATIVE.	INFINITIVE and PARTICIPLES.
PRES. S.	1.	τιθείην	—	Inf. τιθέναι
	2.	τιθείης	τίθει	Part. τιθείς
	3.	τιθείη	τιθέτω	τιθεῖσα
D.	2.	τιθεῖτον	τίθετον	τιθέν
	3.	τιθείτην	τιθέτων	
P.	1.	τιθεῖμεν	—	
	2.	τιθεῖτε	τίθετε	
	3.	τιθεῖεν	τιθέντων	

		OPTATIVE.	IMPERATIVE.	INFINITIVE and PARTICIPLES.
AOR. S.	1.	θείην	—	Inf. θεῖναι
	2.	θείης	θές	Part. θείς
	3.	θείη	θέτω	θεῖσα
D.	2.	θεῖτον	θέτον	θέν
	3.	θείτην	θέτων	
P.	1.	θεῖμεν	—	
	2.	θεῖτε	θέτε	
	3.	θεῖεν	θέντων	

MIDDLE VOICE

		INDICATIVE.	SUBJUNCTIVE.
PRESENT S.	1.	τίθεμαι	τιθῶμαι
	2.	τίθεσαι	τιθῇ
	3.	τίθεται	τιθῆται
D.	2.	τίθεσθον	τιθῆσθον
	3.	τίθεσθον	τιθῆσθον
P.	1.	τιθέμεθα	τιθώμεθα
	2.	τίθεσθε	τιθῆσθε
	3.	τίθενται	τιθῶνται
IMPERFECT S.	1.	ἐτιθέμην	
	2.	ἐτίθεσο	
	3.	ἐτίθετο	
D.	2.	ἐτίθεσθον	
	3.	ἐτιθέσθην	
P.	1.	ἐτιθέμεθα	
	2.	ἐτίθεσθε	
	3.	ἐτίθεντο	
AORIST S.	1.	ἐθέμην	θῶμαι
	2.	ἔθου	θῇ
	3.	ἔθετο	θῆται
		etc., as Imperfect.	etc., as Present.

MIDDLE VOICE

	OPTATIVE.	IMPERATIVE.	INFINITIVE and PARTICIPLES.
PRES. S. 1.	τιθείμην	—	Inf. τίθεσθαι
2.	τιθεῖο	τίθεσο	Part. τιθέμενος
3.	τιθεῖτο	τιθέσθω	
D. 2.	τιθεῖσθον	τίθεσθον	
3.	τιθείσθην	τιθέσθων	
P. 1.	τιθείμεθα	—	
2.	τιθεῖσθε	τίθεσθε	
3.	τιθεῖντο	τιθέσθων	

AOR. S. 1.	θείμην	—	
2.	θεῖο	θοῦ	Inf. θέσθαι
3.	θεῖτο	θέσθω	Part. θέμενος
	etc., as Present.	etc., as Present.	

Tenses of ἵημι, *I send*

The Present and Imperfect Tenses of this Verb are conjugated exactly like those of τίθημι. The Aorists are :—

	INDIC.	SUBJUNC.	OPTA.	IMPER.	INFIN.	PART.
ACTIVE	ἧκα (Sing.)	ὧ	εἵην	ἕς	εἶναι	εἵς
	εἷμεν (Plu.)					
MIDDLE	εἵμην	ὧμαι	εἵμην	οὗ	ἕσθαι	ἕμενος

But most of these forms are only used in compounds.

Tenses of δείκνυμι, *I show* (stem δεικ)

One group of -μι Verbs forms the Present by adding νυ to the Verb Stem. The Present and Imperfect of these are conjugated like the following tenses of δείκνυμι—

		PRESENT IND.	IMPERFECT IND.	IMPERATIVE.	
S.	1.	δείκνυμι	ἐδείκνυν	—	Inf. δεικνύναι
	2.	δείκνυς	ἐδείκνυς	δείκνυ	Part. δεικνύς
	3.	δείκνυσι	ἐδείκνυ	δεικνύτω	δεικνῦσα
D.	2.	δείκνυτον	ἐδείκνυτον	δείκνυτον	δεικνύν
	3.	δείκνυτον	ἐδεικνύτην	δεικνύτων	
P.	1.	δείκνυμεν	ἐδείκνυμεν	—	
	2.	δείκνυτε	ἐδείκνυτε	δείκνυτε	
	3.	δεικνύασι	ἐδείκνυσαν	δεικνύντων	
S.	1.	δείκνυμαι	ἐδεικνύμην	—	
	2.	δείκνυσαι	ἐδείκνυσο	δείκνυσο	Inf. δείκνυσθαι
	3.	δείκνυται	ἐδείκνυτο	δεικνύσθω	Part. δεικνύμενος
D.	2.	δείκνυσθον	ἐδείκνυσθον	δείκνυσθον	
	3.	δείκνυσθον	ἐδεικνύσθην	δεικνύσθων	
P.	1.	δεικνύμεθα	ἐδεικνύμεθα	—	
	2.	δείκνυσθε	ἐδείκνυσθε	δείκνυσθε	
	3.	δείκνυνται	ἐδείκνυντο	δεικνύσθων	

The Subjunctives and Optatives are conjugated like λύω, viz., δεικνύω, δεικνύοιμι, δεικνύωμαι, δεικνυοίμην.

Present and Aorist of ἵστημι, *I set* (stem στᾰ, στη)

ACTIVE VOICE

		INDICATIVE.	SUBJUNCTIVE.
PRESENT S.	1.	ἵστημι	ἱστῶ
	2.	ἵστης	ἱστῇς
	3.	ἵστησι(ν)	ἱστῇ
D.	2.	ἵστατον	ἱστῆτον
	3.	ἵστατον	ἱστῆτον
P.	1.	ἵσταμεν	ἱστῶμεν
	2.	ἵστατε	ἱστῆτε
	3.	ἱστᾶσι(ν)	ἱστῶσι(ν)
IMPERFECT S.	1.	ἵστην	
	2.	ἵστης	
	3.	ἵστη	
D.	2.	ἵστατον	
	3.	ἱστάτην	
P.	1.	ἵσταμεν	
	2.	ἵστατε	
	3.	ἵστασαν	
AORIST S.	1.	ἔστην	στῶ
(Strong)	2.	ἔστης	στῇς
	3.	ἔστη	στῇ
D.	2.	ἔστητον	στῆτον
	3.	ἐστήτην	στῆτον
P.	1.	ἔστημεν	στῶμεν
	2.	ἔστητε	στῆτε
	3.	ἔστησαν	στῶσι(ν)

ACTIVE VOICE

	OPTATIVE.	IMPERATIVE.	INFINITIVE and PARTICIPLES.
PRES. S. 1.	ἱσταίην	—	Inf. ἱστάναι
2.	ἱσταίης	ἵστη	Part. ἱστάς
3.	ἱσταίη	ἱστάτω	ἱστᾶσα
D. 2.	ἱσταῖτον	ἵστατον	ἱστάν
3.	ἱσταίτην	ἱστάτων	
P. 1.	ἱσταῖμεν	—	
2.	ἱσταῖτε	ἵστατε	
3.	ἱσταῖεν	ἱστάντων	

	OPTATIVE.	IMPERATIVE.	INFINITIVE and PARTICIPLES.
AOR. S. 1.	σταίην	—	Inf. στῆναι
2.	σταίης	στῆθι	Part. στάς
3.	σταίη	στήτω	στᾶσα
D. 2.	σταῖτον	στῆτον	στάν
3.	σταίτην	στήτων	
P. 1.	σταῖμεν	—	
2.	σταῖτε	στῆτε	
3.	σταῖεν	στάντων	

MIDDLE VOICE

		INDICATIVE.	SUBJUNCTIVE.
PRESENT S.	1.	ἵσταμαι	ἱ-στῶμαι
	2.	ἵστασαι	ἱστῇ
	3.	ἵσταται	ἱστῆται
D.	2.	ἵστασθον	ἱστῆσθον
	3.	ἵστασθον	ἱστῆσθον
P.	1.	ἱστάμεθα	ἱστώμεθα
	2.	ἵστασθε	ἱστῆσθε
	3.	ἵστανται	ἱστῶνται
IMPERFECT S.	1.	ἱστάμην	
	2.	ἵστασο	
	3.	ἵστατο	
D.	2.	ἵστασθον	
	3.	ἱστάσθην	
P.	1.	ἱστάμεθα	
	2.	ἵστασθε	
	3.	ἵσταντο	

ἵστημι has no Strong Aorist in the Middle.

MIDDLE VOICE

		OPTATIVE.	IMPERATIVE.	INFINITIVE and PARTICIPLES.
PRES. S.	1.	ἱσταίμην	—	Inf. ἵστασθαι
	2.	ἱσταῖο	ἵστασο	Part. ἱστάμενος
	3.	ἱσταῖτο	ἱστάσθω	
D.	2.	ἱσταῖσθον	ἵστασθον	
	3.	ἱσταίσθην	ἱστάσθων	
P.	1.	ἱσταίμεθα	—	
	2.	ἱσταῖσθε	ἵστασθε	
	3.	ἱσταῖντο	ἱστάσθων	

Present and Aorist Tenses of δίδωμι, *I give*

(stem δο, δω)

ACTIVE VOICE

		INDICATIVE.	SUBJUNCTIVE.
PRESENT S.	1.	δίδωμι	διδῶ
	2.	δίδως	διδῷς
	3.	δίδωσι(ν)	διδῷ
D.	2.	δίδοτον	διδῶτον
	3.	δίδοτον	διδῶτον
P.	1.	δίδομεν	διδῶμεν
	2.	δίδοτε	διδῶτε
	3.	διδόᾱσι(ν)	διδῶσι(ν)

IMPERFECT S.	1.	ἐδίδουν
	2.	ἐδίδους
	3.	ἐδίδου
D.	2.	ἐδίδοτον
	3.	ἐδιδότην
P.	1.	ἐδίδομεν
	2.	ἐδίδοτε
	3.	ἐδίδοσαν

		Strong.	Weak.	
AORIST S.	1.	—	ἔδωκα	δῶ
	2.	—	ἔδωκας	δῷς
	3.	—	ἔδωκε	δῷ
D.	2.	ἔδοτον	—	etc. as Present
	3.	ἐδότην	—	
P.	1.	ἔδομεν	—	
	2.	ἔδοτε	—	
	3.	ἔδοσαν	ἔδωκαν	

ACTIVE VOICE

	OPTATIVE.	IMPERATIVE.	INFINITIVE and PARTICIPLES.
PRES. S. 1.	διδοίην	—	
2.	διδοίης	δίδου	Inf. διδόναι
3.	διδοίη	διδότω	Part. διδούς
D. 2.	διδοῖτον	δίδοτον	διδοῦσα
3.	διδοίτην	διδότων	διδόν
P. 1.	διδοῖμεν	—	
2.	διδοῖτε	δίδοτε	
3.	διδοῖεν	διδόντων	

AOR. S. 1.	δοίην	—	Inf. δοῦναι
2.	δοίης	δός	Part. δούς
3.	δοίη	δότω	δοῦσα
	etc., as Pres.	etc., as Pres.	δόν

MIDDLE VOICE

		INDICATIVE.	SUBJUNCTIVE.
PRESENT S.	1.	δίδομαι	διδῶμαι
	2.	δίδοσαι	διδῷ
	3.	δίδοται	διδῶται
D.	2.	δίδοσθοι	διδῶσθον
	3.	δίδοσθον	διδῶσθον
P.	1.	διδόμεθα	διδώμεθα
	2.	δίδοσθε	διδῶσθε
	3.	δίδονται	διδῶνται

IMPERFECT S.	1.	ἐδιδόμην
	2.	ἐδίδοσο
	3.	ἐδίδοτο
D.	2.	ἐδίδοσθον
	3.	ἐδιδόσθην
P.	1.	ἐδιδόμεθα
	2.	ἐδίδοσθε
	3.	ἐδίδοντο

AORIST S.	1.	ἐδόμην	δῶμαι
	2.	ἔδου	δῷ
	3.	ἔδοτο	δῶται
		etc., as Imperf.	etc., as **Present**

MIDDLE VOICE

	OPTATIVE.	IMPERATIVE.	INFINITIVE and PARTICIPLES.
PRES. S. 1.	διδοίμην	—	
2.	διδοῖο	δίδοσο	Inf. δίδοσθαι
3.	διδοῖτο	διδόσθω	Part. διδόμενος
D. 2.	διδοῖσθον	δίδοσθον	
3.	διδοίσθην	διδόσθων	
P. 1.	διδοίμεθα	—	
2.	διδοῖσθε	δίδοσθε	
3.	διδοῖντο	διδόσθων	

AOR. S. 1.	δοίμην	—	
2.	δοῖο	δοῦ	Inf. δόσθαι
3.	δοῖτο	δόσθω	Part. δόμενος
etc., as Present.		etc., as Present	

Tenses of εἰμί, *I am* (stem ἐς)

		INDICATIVE.	SUBJUNCTIVE.
PRESENT S.	1.	εἰμί	ὦ
	2.	εἶ	ᾖς
	3.	ἐστί	ᾖ
D.	2.	ἐστόν	ἦτον
	3.	ἐστόν	ἦτον
P.	1.	ἐσμέν	ὦμεν
	2.	ἐστέ	ἦτε
	3.	εἰσί	ὦσι
IMPERFECT S.	1.	ἦν or ἦ	
	2.	ἦσθα	
	3.	ἦν	
D.	2.	ἦστον	
	3.	ἤστην	
P.	1.	ἦμεν	
	2.	ἦτε	
	3.	ἦσαν	
FUTURE S.	1.	ἔσομαι	
	2.	ἔσῃ or ἔσει	
	3.	ἔσται	
D.	2.	ἔσεσθον	
•	3.	ἔσεσθον	
P.	1.	ἐσόμεθα	
	2.	ἔσεσθε	
	3.	ἔσονται	

		OPTATIVE.	IMPERATIVE.	INFINITIVE and PARTICIPLES.
PRES.	S. 1.	εἴην	—	
	2.	εἴης	ἴσθι	Inf. εἶναι
	3.	εἴη	ἔστω	Part. ὤν
	D. 2.	εἶτον	ἔστον	οὖσα
	3.	εἴτην	ἔστων	ὄν
	P. 1.	εἶμεν	—	
	2.	εἶτε	ἔστε	
	3.	εἶεν	ὄντων	

FUT.	S. 1.	ἐσοίμην	
	2.	ἔσοιο	Inf. ἔσεσθαι
	3.	ἔσοιτο	Part. ἐσόμενος
	D. 2.	ἔσοισθον	
	3.	ἐσοίσθην	
	P. 1.	ἐσοίμεθα	
	2.	ἔσοισθε	
	3.	ἔσοιντο	

Tenses of εἶμι, *I will go* (stem ι)

	Indic.	Subj.	Opt.	Imp.	Inf. & Part.
S. 1.	εἶμι	ἴω	ἴοιμι		
2.	εἶ	ἴῃς	ἴοις	ἴθι	
3.	εἶσι	ἴῃ	ἴοι	ἴτω	Inf. ἰέναι
D. 2.	ἴτον	ἴητον	ἴοιτον	ἴτον	Part. ἰών
3.	ἴτον	ἴητον	ἰοίτην	ἴτων	ἰοῦσα
P. 1.	ἴμεν	ἴωμεν	ἴοιμεν		ἰόν
2.	ἴτε	ἴητε	ἴοιτε	ἴτε	
3.	ἴασι	ἴωσι	ἴοιεν	ἰόντων	

IMPERFECT

S. 1. ἦα

2. ἤεισθα

3. ἤει(ν)

D. 2. ἤτον

3. ἤτην

P. 1. ἦμεν

2. ἦτε

3. ἦσαν

The tense εἶμι in the Indicative is always a Future in meaning. If a distinct Present is wanted, it is supplied by ἔρχομαι and its compounds.

Tenses of φημί, *I say* (stem φα, φη)

	PRESENT INDICATIVE.	IMPERFECT INDICATIVE.
S. 1.	φημί	ἔφην
2.	φής	ἔφησθα
3.	φησί	ἔφη
D. 2.	φατόν	ἔφατον
3.	φατόν	ἐφάτην
P. 1.	φαμέν	ἔφαμεν
2.	φατέ	ἔφατε
3	φασί	ἔφασαν

More rarely forms are found in the other moods:—
Subj., φῶ; Opt., φαίην; Imp., φαθί or φάθι; **Inf.,**
φάναι; Part., φάς.

Verbs in -ω with Aorists like Verbs in -μι

A few Verbs in -ω form Strong Aorists in the Active without any connecting vowel, i.e. just as ἔστην is formed from the stem στα. The two most important of these are:—

βαίνω, *I go* (stem βα), Aor. ἔβην

	INDICATIVE.	SUBJUNCTIVE.
S. 1.	ἔβην	βῶ
2.	ἔβης	βῇς
3.	ἔβη	βῇ
D. 2.	ἔβητον	βῆτον
3.	ἐβήτην	βῆτον
P. 1.	ἔβημεν	βῶμεν
2.	ἔβητε	βῆτε
3.	ἔβησαν	βῶσι

γιγνώσκω, *I know* (stem γνω), Aor. ἔγνων.

S. 1.	ἔγνων	γνῶ
2.	ἔγνως	γνῷς
3.	ἔγνω	γνῷ
	etc.	etc.

	OPTATIVE.	IMPERATIVE.	INFINITIVE and PARTICIPLE.
S. 1.	βαίην	—	
2.	βαίης	βῆθι	Inf. βῆναι
3.	βαίη	βήτω	Part. βάς
D. 2.	βαῖτον	βῆτον	βᾶσα
3.	βαίτην	βήτων	βάν
P. 1.	βαῖμεν	—	
2.	βαῖτε	βῆτε	
3.	βαῖεν	βάντων	

S. 1.	γνοίην	—	Inf. γνῶναι
2.	γνοίης	γνῶθι	Part. γνούς
3.	γνοίη	γνώτω	γνοῦσα
	etc.	etc.	γνόν

GENERAL VOCABULARY

ἀγαθός, -ή, -όν, good, brave.

ἄγαλμα (gen. ἀγάλματος), 3. n., statue.

ἀγγέλλω, ἀγγελῶ, ἤγγειλα, I announce.

Ἆγις (gen. Ἄγιδος), Agis.

ἀγορά, 1. f., market-place, market.

ἄγριος, -α, -ον, wild, cruel.

ἀγρός, 2. m., field.

ἄγω, ἄξω, ἤγαγον, I lead; εἰρήνην ἄγω, I am at peace.

Ἀδείμαντος, 2. m., Adeimantus.

ἀδελφός, 2. m., brother.

ἄδηλος, -ον, uncertain.

ἀδικία, 1. f., injustice.

ἀδύνατος, -ον, unable, impossible.

ἀεί, always.

Ἀθήνη, 1. f., Athene.

Ἀθηναῖος, -α, -ον, Athenian.

ἀθλητής, 1. m., athlete.

ἀθυμία, 1. f., despondency.

Αἴγινα, 1. f., Aegina.

Αἰγινήτης, 1. m., Aeginetan.

Αἰγὸς ποταμοί, Aegospotami ("Goat's rivers").

Αἴγυπτος, 2. f., Egypt.

αἷμα (gen. αἵματος), 3. n., blood.

αἱρῶ(έω), αἱρήσω, εἷλον, I take, seize; (middle), I choose; ὕπνον αἱροῦμαι, I take sleep.

αἰτιῶμαι (άομαι), αἰτιάσομαι, ᾐτιασάμην, I accuse.

αἴτιος, -α, -ον, cause of, responsible for.

αἰχμάλωτος, 2. m., prisoner.

ἄκρος, -α, -ον, topmost.

ἀληθής, -ές, true.

Ἀλκιβιάδης, 1. m., Alcibiades.

Ἀλκμαιωνίδης, 1. m., descendant of Alcmaeon; (plural), the Alcmæonidae.

ἀλλά, but.

187

ἄλλοθι, elsewhere.

ἄλλος, -η, -ο, other; ἄλλοι μὲν ... ἄλλοι δέ, some ... others; ἄλλοι ἄλλοθι, some in one place, some in another.

ἅλωσις (gen. ἁλώσεως), 3. f., capture.

ἅμα, at the same time.

ἁμαρτία, 1. f., sin, guilt.

ἀμελῶ(έω), ἀμελήσω, ἠμέλησα, I am careless, neglect.

ἅμιλλα, 1. f., contest.

ἄμπελος, 2. f., vine.

ἀναγκαῖος, -α, -ον, necessary.

ἀνάθημα (gen. ἀναθήματος), 3. n., consecrated gift, offering.

ἀναμιμνῄσκω, ἀναμνήσω, ἀνέμνησα, I remind.

ἀνδρεία, 1. f., bravery.

ἀνδρεῖος, -α, -ον, brave.

ἀνδρείως, bravely.

ἀνέλπιστος, -ον, without hope.

ἀνήρ (gen. ἀνδρός), 3. m., man (as opposed to woman).

ἄνθρωπος, 2. m., man, human being

ἀντέχω, I hold out.

ἄξιος, -α, -ον, worthy; πολλοῦ ἄξιος, worth much.

ἀξίως, worthily.

ἀπαλλάττω, ἀπαλλάξω, ἀπήλλαξα, I set free; (passive), I am delivered, released.

ἀπέρχομαι, ἄπειμι, ἀπῆλθον, I go away.

ἀπέχω (impf. ἀπεῖχον), I am distant, I am far.

ἀποβαίνω, ἀποβήσομαι, ἀπέβην, I dismount, land, turn out.

ἀποβάλλω, ἀποβαλῶ, ἀπέβαλον, I throw away, lose.

ἀπόβασις (gen. ἀποβάσεως), 3. f., landing; ἀπόβασιν ποιοῦμαι, I make a landing, I land.

ἀποθνῄσκω, ἀποθανοῦμαι, ἀπέθανον, τέθνηκα, I die, am killed.

ἀποικία, 1. f., colony.

ἀποκοπή, 1. f., abolition.

ἀποκτείνω, ἀποκτενῶ, ἀπέκτεινα, I kill.

ἀπολείπω, ἀπολείψω, ἀπέλιπον, I leave, desert.

ἀπολογοῦμαι(έομαι), ἀπολογήσομαι, ἀπελογησάμην, I plead in defence.

ἀπορῶ(έω), ἀπορήσω, ἠπόρησα, I am at a loss.

ἀπορία, 1. f., perplexity.

ἀπόστασις (gen. ἀποστάσεως), 3. f., rebellion; ἀπόστασιν ποιοῦμαι, I make a rebellion, I rebel.

ἀποχωρῶ(έω), ἀποχωρήσω, ἀπεχώρησα, I go away, retreat.

ἄρα, then, as it appears.

ἀργυροῦς, -ᾶ, -οῦν, of silver.

ἀρετή, 1. f., virtue, courage.

ἀριθμός, 2. m., number.

Ἀρισταγόρας, 1. m., Aristagoras.

Ἀριστείδης, 1. m., Aristeides.

ἄριστος, -η, -ον, best.

Ἀριστογείτων (gen. Ἀριστογείτονος), 3. m., Aristogeiton.

Ἁρμόδιος, 2. m., Harmodius.

ἀρχή, 1. f., rule, government, empire; οἱ ἐν ἀρχῇ, the government.

Ἀρχίδαμος, 2. m., Archidamus.

ἄρχω, ἄρξω, ἦρξα, I rule, begin; (middle) I begin.

ἄρχων (gen. ἄρχοντος), 3. m. archon.

ἀσθενής, -ές, weak.

Ἀσία, 1. f., Asia.

ἀσφαλής, -ές, safe.

Ἀττικός, -ή, -όν, Attic; ἡ Ἀττική, Attica.

αὖθις, again.

αὐλητρίς (gen. αὐλητρίδος), 3. f., flute-girl.

αὐτός, -ή, -ό, self; ὁ αὐτός, the same. See p. 118.

ἀφίημι, ἀφήσω, ἀφῆκα, I give up, relinquish, set free, let go.

ἀφικνοῦμαι (έομαι), ἀφίξομαι, ἀφικόμην, I arrive; εἰς ἅμιλλαν ἀφικνοῦμαι, I enter into rivalry.

ἀφίστημι, ἀποστήσω, ἀπέστησα, I make to revolt;

ἀφίσταμαι, ἀπέστην, ἀφέστηκα, I revolt.

ἄφνω, suddenly,

βαδίζω, βαδιῶ, ἐβάδισα, I go.

βάρβαρος, 2. m., barbarian.

βασανίζω, βασανιῶ, ἐβασάνισα, I torture.

βασιλεύς (gen. βασιλέως), 3. m., king.

βασιλεύω, βασιλεύσω, ἐβασίλευσα, I reign, am king; (aor.), become king·

Βαττιάδης, 1. m., descendant of Battus.

βιάζομαι, I force.

βλάπτω, βλάψω, ἔβλαψα, I injure.

βοήθεια, 1. f., help.

βοηθῶ(έω), βοηθήσω, ἐβοήθησα, I help.

Βοιωτία, 1. f., Bœotia.

Βοιωτός, 2. m., Bœotian.

βουλεύομαι, βουλεύσομαι, ἐβουλευσάμην, I deliberate, make plans.

βουλευτήριον, 2. n., council-chamber.

βουλή, 1. f., council, senate.

βούλομαι, βουλήσομαι, ἐβουλήθην, I wish.

Βρασίδας, 1. m., Brasidas.

Βυζάντιον, 2. n., Byzantium.

βωμός, 2. m., altar.

γάρ, for.

γε, at least, at any rate.

γένος (gen. γένους), 3. n. class, race, kind.

γέρων (gen. γέροντος), 3. m., old man.

γέφυρα, 1. f., bridge.

γῆ, 1. f., land.

γίγνομαι, γενήσομαι, ἐγενόμην, I become, happen, take place.

γιγνώσκω, γνώσομαι, ἔγνων, I get to know, know, discover, recognise.

γνώριμος, -ον, known.

γράφω, γράψω, ἔγραψα, I write.

Γύλιππος, 2. m., Gylippus.

γυνή (gen. γυναικός), woman, wife.

Δαρεῖος, 2. m., Dareios.

δέ, but, and.

δεῖ, δεήσει, ἐδέησε, it is necessary.

δεινός, -ή, -όν, terrible.

δέκα, ten.

Δελφοί, 2. m. pl., Delphi.

δέομαι, δεήσομαι, ἐδεήθην, I ask for, need.

δεσμός, 2. m. (n. plur. δεσμά), bond.

δέσποινα, 1. f., mistress.

δεσπότης, 1. m., master.

δεύτερος, -α, -ον, second.

δέχομαι, δέξομαι, ἐδεξάμην, I receive.

δέω, δήσω, ἔδησα, I bind.

δή, indeed; καὶ δὴ καί, and indeed, moreover.

Δῆλος, 2. f., Delos.

δηλῶ(όω), δηλώσω, ἐδήλωσα, I show, explain, point out.

δημοκρατία, 1. f., democracy.

δημοκρατοῦμαι(έομαι), I am governed by a democracy.

δῆμος, 2. m., people, democracy, deme.

δημόσιος, -α, -ον, public, belonging to the state.

Δημοσθένης (gen. Δημοσθένους), Demosthenes.

δημότης, 1. m., demesman, member of a deme.

δῆτα, indeed, certainly.

διά (with accusative), owing to, on account of; (with genitive), by means of, after an interval of; δι' ὀλίγου, after a little while; οὐ διὰ πολλοῦ, after a short time, not long after.

διαβιβάζω, διαβιβάσω, διεβίβασα, I take across.

διδασκαλεῖον, 2. n., school.

διδάσκαλος, 2. m., schoolmaster.

διδάσκω, διδάξω, ἐδίδαξα, I teach, inform, exhibit.

δίκαιος, -α, -ον, just.

δικάζω, I judge.

δίκη, 1. f., justice, lawsuit, penalty.

Διονύσιος, 2. m., Dionysius.

διπλάσιος, -α, -ον, double.

δίς, twice.

δοκεῖ, δόξει, ἔδοξε, it seems good, it seems, it is resolved.

δόξα, 1. ƒ., reputation, fame.

δουλεύω, I am a slave, I am subservient.

δοῦλος, 2. m., slave.

δουλῶ(όω), δουλώσω, ἐδούλωσα, I enslave.

Δράκων (gen. Δράκοντος), 3. m., Draco.

δραχμή, 1. ƒ., drachma.

δύναμαι, δυνήσομαι, ἐδυνήθην, I can, am able.

δύναμις (gen. δυνάμεως), 3. ƒ., power, force.

δύο, two.

δώδεκα, twelve.

ἔαρ (gen. ἦρος), 3. n., spring.

ἑαυτόν, -ήν, -ό, himself, herself, itself.

Ἐγεσταῖος, -a, -ον, Segestan.

Ἔγεστα, 1. ƒ., Segesta.

ἐγώ, I.

ἕδρα, 1. ƒ., delay.

ἐθέλω, ἐθελήσω, ἠθέλησα, I am willing.

ἔθνος (gen. ἔθνους), 3. n., race.

εἰ, if.

εἴκοσι, twenty.

εἰμί, ἔσομαι, I am; ἔστιν οἵ, there are some who.

εἴργω, I exclude.

εἰρήνη, 1. ƒ., peace.

εἰς (with accusative), into, against, for the purpose of, at.

εἷς, μία, ἕν, one.

εἰσβάλλω, εἰσβαλῶ, εἰσέβαλον, I throw into; εἰσβάλλω εἰς (with accusative), I invade.

εἰσβολή, 1. ƒ., invasion.

εἰσκομίζομαι, I bring in, fetch.

εἴσπλους, 2. m., entrance.

ἐκ [written ἐξ before a vowel] (with genitive), from, out of.

ἕκαστος, -η, -ον, each.

ἑκάτερος, -a, -ον, each of two.

ἑκατόν, a hundred.

ἐκβάλλω, ἐκβαλῶ, ἐξέβαλον, I drive out.

ἐκεῖ, there.

ἐκεῖνος, -η, -ο, that.

ἐκεῖσε, thither.

ἐκκαίδεκα, sixteen.

ἐκκλησία, 1. f., assembly, meeting of assembly.

ἐκπέμπω, ἐκπέμψω, ἐξέπεμψα, I send out.

ἐκπολιορκῶ(έω), I force to surrender.

ἔκπωμα (gen. ἐκπώματος), 3. n., cup.

ἐκφεύγω, ἐκφεύξομαι, ἐξέφυγον, I escape.

ἐλάα, 1. f., olive-tree.

ἐλαύνω, ἐλῶ, ἤλασα, I drive, row.

ἐλευθερία, 1. f., freedom.

ἐλεύθερος, -α, -ον, free.

Ἑλλάς (gen. Ἑλλάδος), Greece.

ἐλλείπω, I fall short, am lacking.

Ἕλλην (gen. Ἕλληνος), 3. m., Greek.

Ἑλλήσποντος, 2. m., Hellespont.

ἐλπίζω, ἐλπιῶ, ἤλπισα, I hope.

ἐμβαίνω, I embark.

ἔμπειρος, -ον, experienced, skilful, skilled in.

ἐμπορία, 1. f., trade.

ἐν (with dative), in, among, at; ἐν ᾧ, while.

ἐνακισχίλιοι, -αι, -α, nine thousand.

ἐναντίος, 2. m., rival, opponent.

ἐναντιοῦμαι, ἐναντιώσομαι, ἠναντιωσάμην, I oppose (with dative).

ἔνδοξος, -ον, famous.

ἕνεκα (with genitive), on account of.

ἐνθάδε, here.

ἐνιαυτός, 2. m., year; κατ' ἐνιαυτόν, every year.

ἐντεῦθεν, thenceforth, thence.

ἐντός(with genitive), within.

ἐξ, see ἐκ.

ἐξάγω, ἐξάξω, ἐξήγαγον, I bring out.

ἐξαπατῶ(άω), ἐξαπατήσω, ἐξηπάτησα, I deceive.

ἐξίσταμαι [passive of ἐξίστημι], ἐκστήσομαι, ἐξέστην, I stand out; (with genitive), I resign.

ἔξεστι(ν), it is possible, it is allowed.

ἐξήκοντα, sixty.

ἑορτή, 1. f., festival.

ἐπεί, since, when.

ἐπάρατος, -ον, accursed.

ἐπαχθής, -ές, annoying, burdensome, grievous.

ἔπειτα, then, afterwards.

ἐπί (with accusative), to, at, against; (with dative) for the purpose of; ἐπὶ κακῷ, for harm ; ἐφ' ᾧ (with infinitive), on the condition that.

ἐπιβουλεύω, ἐπιβουλεύσω, ἐπεβούλευσα (with dat.), I plot against.

ἐπιγίγνομαι, I come next.

ἐπιδείκνυμι, I show.

ἐπιθυμῶ(έω), ἐπιθυμήσω, ἐπεθύμησα (with genitive), I desire.

ἐπισκευάζω, I repair.

ἐπίσταμαι, I know.

ἐπιστολή, 1. f., letter.

ἐπιτιμῶ(άω), ἐπιτιμήσω,

ἐπετίμησα (with dative), I rebuke, revile, blame.

ἐπιφέρω, I bring to; πόλεμον ἐπιφέρω, I make war.

ἕπομαι (with dative), impf. εἱπόμην, I follow.

ἑπτά, seven.

ἔργον, 2. n., work, task.

ἔρημος, -ον, deserted, lonely.

Ἑρμῆς, 1. m., Hermes.

ἔρχομαι, εἶμι, ἦλθον, I go, come.

ἐσθίω, I eat.

ἐστι(ν), is.

ἔσχατος, -η, -ον, last.

ἕτερος, -α, -ον, other; ὁ ἕτερος, one of the two, other of the two.

ἔτι, still ; ἔτι καὶ νῦν, even now.

ἔτος (gen. ἔτους), 3. n., year.

εὖ, well.

εὐγενής, -ές, noble.

εὐθύς, at once, immediately.

εὐλάβεια, 1. f., caution.

εὑρίσκω, εὑρήσω, ηὗρον, I find.

Εὐρυβιάδης, 1. m., Eurybiades.

εὐπατρίδης, 1. *m.*, a noble.

εὐσέβεια, 1. *f.*, piety.

εὐταξία, 1. *f.*, discipline.

εὐτυχῶ(έω),εὐτυχήσω,ηὐτύ-
χουν, I am fortunate,
ἔφασαν, they said. [prosper.

ἔφορος, 2. *m.*, ephor.

ἔφη, he said.

ἐχθρός, -ά, -όν, hated, hostile, enemy.

ἔχω (*imperfect*, εἶχον), ἔξω,
ἔσχον, I have, hold; ἐν
νῷ ἔχω, I have in mind,
I intend.

ἐῶ(άω), ἐάσω, εἴασα, I allow.

ζημία, 1.*f.*, penalty, punishment.

ζητῶ(έω), ζητήσω, ἐζήτησα,
I seek.

ἤ, than, or; ἤ . . . ἤ, either
. . . or.

ἡγεμονεύω, I lead, command.

ἡγεμών (*gen.* ἡγεμόνος),
leader, guide.

ἡγοῦμαι(έομαι), ἡγήσομαι,
ἡγησάμην, I lead, guide.

ἤδη, already, now, at last.

ἡδονή, 1. *f.*, pleasure.

ἡδύς, ἡδεῖα, ἡδύ, pleasant,
sweet.

ἥκω, I have come.

ἡμέρα, 1. *f.*, day.

ἦν, was.

ἤπειρος, 2. *f.*, mainland.

ἡσυχάζω, I remain inactive,
keep quiet.

ἧττα, 1. *f.*, defeat.

ἥττων, -ον, less, inferior.

θάλαττα, 1. *f.*, sea.

θάνατος, 2. *m.*, death.

θαρρῶ(έω), I am bold, have
no fear, am confident.

Θεμιστοκλῆς (*gen.* Θεμι-
στοκλέους), 3. *m.*, Themistocles.

θεός, 2. *m.*, god.

θεραπεύω, θεραπεύσω, ἐθε-
ράπευσα, I pay attention
to, cultivate.

Θετταλός, 2. *m.*, Thessalian.

Θηραμένης (*gen.* Θηρα-
μένους), Theramenes.

θηρεύω, θηρεύσω, ἐθήρευσα,
I pursue.

Θράκη, 1. *f.*, Thrace.

Θρᾷξ (gen. Θρᾳκός), 3. m., Thracian.

Θρασύβουλος, 2.m., Thrasybulus.

Θράσυλλος, 2. m., Thrasyllus.

θύρα, 1. f., door.

θύω, θύσω, ἔθυσα, I sacrifice.

ἰδίᾳ, privately.

ἱερόν, 2. n., temple.

ἱκανός, -ή, -όν, sufficient, capable, able.

ἱκετεύω, I come as suppliant.

ἱκέτης, 1. m., suppliant.

ἵνα, in order that.

Ἵππαρχος, 2. m., Hipparchus.

Ἱππίας, 1. m., Hippias.

ἰσθμός, 2. m., isthmus; Ἰσθμός, the Isthmus (of Corinth).

ἰσχυρός, -ά, -όν, strong.

ἴσος, -η, -ον, equal; ἐπ' ἴσοις, on equal terms.

ἴσως, equally.

Ἴων (gen. Ἴωνος). 3. m., Ionian.

Ἰωνία, 1. f., Ionia.

καθαιρῶ(έω), καθαιρήσω, καθεῖλον, I destroy.

καθίζω, I sit.

καθίστημι, καταστήσω, κατέστησα, I set up, I appoint.

καί, and, also, even, actually.

καίπερ, although.

καίω, καύσω, ἔκαυσα, I burn.

κακός, -ή, -όν, bad; κακύν, an evil; ἐπὶ κακῷ, for harm.

καλάμη, 1. f., stalk.

καλός, -ή, -όν, beautiful, splendid, fine.

κάλυξ (gen. κάλυκος), 3. f., ear (of corn).

καλῶ(έω), καλῶ, ἐκάλεσα, I call.

καρτερῶ(έω), καρτερήσω, ἐκαρτέρησα, I endure.

κατά (with accusative), according to, near, throughout, over; κατὰ θάλατταν, by sea; (with genitive), down from.

κατάγω, κατάξω, κατή-
γαγον, I lead back, re-
store, put in to land
(a boat).

καταδύω, καταδύσω, κατέ-
δυσα, I sink (transitive).

καταλύω, καταλύσω, κατέ-
λυσα, I rescind, cancel.

κατήγορος, 2. m., accuser.

Κέκροψ (gen. Κέκροπος),
3. m., Cecrops.

κελεύω, κελεύσω, ἐκέλευσα,
I order.

κῆρυξ (gen. κήρυκος), 3. m.,
herald, messenger.

κηρύττω, κηρύξω, ἐκήρυξα,
I proclaim.

Κίμων (gen. Κίμωνος), 3. m.,
Cimon.

κινδυνεύω, κινδυνεύσω, ἐκιν-
δύνευσα, I run a risk,
venture.

κίνδυνος, 2. m., danger.

κινῶ(έω), κινήσω, ἐκίνησα,
I move, stir up.

Κλεισθένης (gen. Κλεισθέ-
νους), 3. m., Cleisthenes.

Κλέων (gen. Κλέωνος), 3. m.,
Cleon.

Κόδρος, 2. m., Codrus.

κοινός, -ή, -ον, common;
κοινῇ, in common; τὸ
κοινόν, the common good,
the public good.

κολάζω, κολάσω, ἐκόλασα,
I punish.

κόρη, 1. f., girl.

Κορίνθιος, -α, -ον, Corinth-
ian.

Κόρινθος, 2. f., Corinth.

κοσμῶ(έω), κοσμήσω, ἐκόσ-
μησα, I adorn.

κρατῶ(έω), κρατήσω, ἐκρά-
τησα, I become master of,
I conquer.

Κρήτη, 1. f., Crete. [judge.

κρίνω, κρινῶ, ἔκρινα, I
κριτής, 1. m., judge. [kill.

κτείνω, κτενῶ, ἔκτεινα, I
κτίζω, κτίσω, ἔκτισα, I
found.

κτῶμαι(άομαι), κτήσομαι,
ἐκτησάμην, I obtain.

Κυβέλη, 1. f., Cybele.

Κύλων (gen. Κύλωνος), 3.
m., Cylon.

Κύψελος, 2. m., Cypselus.

κωλύω, κωλύσω, ἐκώλυσα, I prevent, hinder; (*with infinitive*), I prevent from.

κώμη, 1. *f.*, village.

Λακεδαιμόνιος, -α, -ον, Lacedæmonian.

Λάμαχος, 2. *m.*, Lamachus.

λαμβάνω, λήψομαι,ἔλαβον, I take.

λανθάνω, λήσω, ἔλαθον, I escape notice, evade.

λέγω, λέξω or ἐρῶ, ἔλεξα or εἶπον, I say.

λείπω, λείψω, ἔλιπον, I leave.

Λέσβος, 2. *f.*, Lesbos.

Λεωνίδας, 1. *m.*, Leonidas.

λιμήν (*gen.* λιμένος), 3. *m.*, harbour.

λιμός, 2.*m.*, hunger, famine.

λόγος, 2. *m.*, word, report, rumour; λόγους δέχομαι, I accept proposals.

λόφος, 2. *m.*, crest of a hill.

Λυκοῦργος, 2. *m.*, Lycurgus.

λυπῶ(έω),λυπήσω,ἐλύπησα, I annoy, pain, distress.

Λύσανδρος, 2. *m.*, Lysander.

λύω, λύσω, ἔλυσα, I loose, set free, deliver, put an end to, destroy, rescind; ἐπιστολὴν λύω, I open a letter.

Μαγνησία, 1. *f.*, Magnesia.

μαθητής, 1. *m.*, student, pupil.

μακρός, -ά, -όν, long.

μάλιστα, especially, most, very, much.

μᾶλλον, more, rather.

μανθάνω, I learn.

μαντεῖον, 2. *n.*, oracle.

Μαραθών (*gen.* Μαραθῶνος), 3. *m.*, Marathon.

μαστιγῶ(όω), μαστιγώσω, ἐμαστίγωσα, I flog.

μάτην, in vain.

μάχη, 1. *f.*, battle, strife, quarrel.

μάχομαι, μαχοῦμαι, ἐμαχεσάμην, I fight.

Μεγακλῆς (*gen.* Μεγακλέους), 3. *m.*, Megacles.

Μεγαρεύς (*gen.* Μεγαρέως), 3. *m.*, Megarian.

μέγας, μεγάλη, μέγα, large, great.

μελετῶ(άω), μελετήσω, ἐμελέτησα, I practise.

μέλλω, I am likely, am destined, intend, am about.

μέν, on the one hand ; μὲν οὖν, accordingly.

μέντοι, however.

μένω, μενῶ, ἔμεινα, I remain, stay.

Μεσσήνιος, 2. m., Messenian.

μετά(with accusative)after; (with genitive), with.

μετακινῶ(έω), I remove.

μετάνοια, 1. f., repentance.

μεταξύ, between.

μεταπέμπομαι, μεταπέμψομαι, μετεπεμψάμην, I send for.

μέτοικος, 2. m., resident alien.

μή, not, lest.

μηκέτι, no longer.

μηνύω, μηνύσω, ἐμήνυσα, I give information.

μηχανῶμαι(άομαι), μηχανήσομαι, ἐμηχανησάμην, I contrive.

μικρός, -ά, -όν, small.

Μίλητος, 2. f., Miletus.

Μιλτιάδης, 1. m., Miltiades.

Μίνως, Minos.

μόνον, only.

μόνος, -η, -ον, alone.

Μυτιληναῖος, -α, -ον, Mytilenian.

Μυτιλήνη, 1. f., Mytilene.

ναυαγῶ(έω), I suffer shipwreck.

ναυμαχία, 1. f., sea-fight.

ναυμαχῶ(έω), I fight a seabattle.

ναῦς (gen. νεώς), 3. f., ship.

ναύτης, 1. m., sailor.

ναυτικόν, 2. n., fleet.

ναυτικός, -ή, -όν, naval, by sea.

νεανίας, 1. m., young man.

νέμω, νεμῶ, ἔνειμα (1) I assign, distribute, grant; (2) occupy, inhabit; (3) administer.

νέος, -α, -ον, young.

νεώς, 2. m., temple.

νεωστί, lately.

νησιώτης, 1. m., islander.

νῆσος, 2. *f.*, island.

νίκη, 1. *f.*, victory.

Νικίας, 1. *m.*, Nicias.

νικῶ(άω), νικήσω, ἐνίκησα, I conquer, defeat.

νομίζω, νομιῶ, ἐνόμισα, I think, consider.

νόμος, 2. *m.*, law.

νόσος, 2. *f.*, disease, illness, plague.

νοῦς, 2. *m.*, mind; ἐν νῷ ἔχω, I have in mind, intend.

νῦν, now; ἔτι καὶ νῦν, even now.

νύξ (*gen.* νυκτός), 3. *f.*, night.

ξένισις (*gen.* ξενίσεως), 3. *f.*, entertainment.

ξένος, -η, -ον, stranger, foreigner.

Ξέρξης, 1. *m.*, Xerxes.

ὁ, ἡ, τό, the; ὁ μὲν . . . ὁ δέ, one . . . the other, he on the one hand . . . he on the other hand; τὰ τῆς Κορίνθου, the affairs of Corinth.

ὀγδοήκοντα, eighty.

ὁδός, 2. *f.*, road, way.

οἴκαδε, homewards.

οἰκεῖος, -α, -ον, one's own, (as *substantive*) relative.

οἰκία, 1. *f.*, house.

οἰκιστής, 1. *m.*, founder.

οἰκοδομῶ(έω), οἰκοδομήσω, ᾠκοδόμησα, I build.

οἴκοι, at home.

οἷός τ᾽ εἰμί, I am able.

οἰωνός, 2. *m.*, bird, omen.

ὀλίγος, -η, -ον, short, small, little, few; οἱ ὀλίγοι, the few, the privileged class; δι᾽ ὀλίγου, in a short time.

ὅλος, -η, -ον, whole.

Ὀλύμπια, 2. *n. pl.*, the Olympian games; Ὀλύμπια ἄγω, I celebrate, hold the Olympian games.

Ὀλυμπιονίκης, 1. *m.*, a victor at the Olympian games.

ὅμηρος, 2. *m.*, hostage.

ὅμορος, -ον, contiguous, neighbouring.

ὅμως, however, nevertheless.

ὄνομα (*gen.* ὀνόματος), 3. *n.*, name.

ὅποι, whither.

ὅπου, where.

ὅπως, how, that.

ὀργή, 1. *f.*, anger.

ὁρμῶ(έω), I lie at anchor.

ὁρμῶμαι(άομαι), ὁρμήσομαι, ὡρμήθην, I am eager, I set forth; ὁρμῶμαι ἀπὸ τῶν Ἀθηνῶν, I make Athens my base of operations.

ὄρος (*gen.* ὄρους), 3. *n.*, mountain.

ὁρῶ(άω), ὄψομαι, εἶδον, I see.

ὅς, ἥ, ὅ, who, which ; ἐφ' ᾧ (*with infinitive*), on condition that.

ὅσος, -η, -ον, as much as, as; ὅσῳ, by how much; ὅσον οὐ, almost.

ὅσπερ, ἥπερ, ὅπερ, who, which.

ὅστις, ἥτις, ὅ,τι, who.

ὅτε, when.

ὅτι, because, that.

οὐ, οὐκ, οὐχ, not.

οὐδείς, οὐδεμία, οὐδέν, no one, nothing ; no.

οὐκ, *see* οὐ.

οὐκέτι, no longer.

οὖν, therefore, accordingly.

οὔπω, not yet.

οὔτε ... οὔτε, neither ... nor.

οὕτω(ς), thus, so.

οὐχ, *see* οὐ.

ὀφειλέτης, 1. *m.*, debtor.

ὄχλος, 2. *m.*, crowd.

παιδεύω, παιδεύσω, ἐπαίδευσα, I train, teach.

παιδίον, 2. *n.*, child.

πανταχοῦ, everywhere.

πάνυ, altogether.

παρά (*with accusative*), along, alongside of, to, to the house of; παρὰ βασιλέα, to the court of the king ; (*with genitive*), from ; (*with dative*), near, in the presence of.

παρασκευάζω, παρασκευάσω, παρεσκεύασα, I prepare ; (*in middle*), I prepare for myself, get ready.

πάρειμι, I am present, I am here ; (with dative), I support.

παρέχω, παρέξω, παρέσχον, I furnish, supply.

πᾶς, πᾶσα, πᾶν, all, whole.

πατήρ (gen. πατρός), father.

πατρίς (gen. πατρίδος), 3.f., one's country, fatherland, native country.

Παυσανίας, 1.m., Pausanias.

παύω, παύσω, ἔπαυσα, I stop, put an end to ; (in middle), I cease.

πεδίον, 2. n. plain.

πεζῇ, by land.

πεζός, -ή, -όν, by land, land ; οἱ πεζοί, the land army.

πείθω, πείσω, ἔπεισα, I persuade ; (in middle), I believe, obey (with dative).

πεῖρα, 1. f., attempt.

Πειραιεύς (gen. Πειραιῶς), 3. m., Peiraeus.

Πείσανδρος, 2. m., Peisander.

Πεισίστρατος, 2. m., Peisistratus.

Πελοποννήσιος, 2. m., Peloponnesian.

Πελοπόννησος, 2. f., the Peloponnese.

πέμπω, πέμψω, ἔπεμψα, I send.

πενία, 1. f., poverty.

πεντακισχίλιοι, -αι, -α, five thousand.

πέντε, five.

πεντήκοντα, fifty.

περί (with genitive), about, concerning, around ; περὶ πολλοῦ, of great consequence ; περὶ πολλοῦ ποιοῦμαι, I think it of great consequence.

Περίανδρος, 2. m., Periander.

περιῆν (imperfect of περίειμι), was superior ; (with genitive), was superior to, defeated.

Περικλῆς (gen. Περικλέους), Pericles.

περικόπτω, περικόψω, περιέκοψα, I mutilate.

περιμένω, περιμενῶ, περιέμεινα, I wait, wait for.

Πέρσης, 1. *m.*, Persian.

Περσική, 1. *f.*, Persia.

πιστεύω, πιστεύσω, ἐπίσ-
τευσα, (*with accusative*),
I entrust; (*with dative*),
I trust.

πιστός, -ή, -όν, faithful,
honourable.

Πλαταιαί, 1. *f. pl.*, Plataea.

Πλαταιεύς (*gen.* Πλαται-
έως), 3. *m.*, Plataean.

πλέω, πλεύσομαι, ἔπλευσα,
I sail.

πλῆθος (*gen.* πλήθους), 3. *n.*,
number, mass, crowd.

πλήν, except.

πλοῦς, 2. *m.*, voyage.

πλούσιος, -α, -ον, rich.

ποιῶ(έω), ποιήσω, ἐποίησα,
I make, do ; (*in middle*),
I get made ; I make
(*especially in phrases
like* πλοῦν ποιοῦμαι, I
make a voyage, I sail,
in which ποιοῦμαι *with
noun is equivalent to
one verb,* πλέω).

πολέμιος, 2. *m.*, enemy.

πόλεμος, 2. *m.*, war.

πολιορκῶ(έω), πολιορκησω,
ἐπολιόρκησα, I besiege.

πόλις (*gen.* πόλεως), 3. *f.*,
city, state.

πολιτεία, 1. *f.*, constitution,
commonwealth.

πολίτης, 1. *m.*, citizen.

πολιτεύομαι, I pursue a

πολλάκις, often.   [policy.

πολύ (*adverb*), much.

πολύς, πολλή, πολύ, much,
many, long ; οἱ πολλοί,
the many, the masses ;
οὐ διὰ πολλοῦ, not long
after.

πόνος, 2. *m.*, toil, work.

πορεύομαι, πορεύσομαι, ἐπο-
ρεύθην, I march, set out.

πορίζω, ποριῶ, ἐπόρισα, I
furnish, provide.

Ποσειδῶν (*gen.* Ποσειδῶ-
νος), 3. *m.*, Poseidon.

ποτέ, once, once upon a time.

πότερον, whether ; πότερον
. . . ἤ, whether . . . or.

πότερος, -α, -ον, which of
two.

πρᾶγμα (*gen.* πράγματος), 3.
n., thing, affair, business.

πράττω, πράξω, ἔπραξα, I accomplish, transact; πράττω πρός (with accusative), I negotiate with; (with adverb), I fare, e.g. εὖ πράττω, I fare well, am successful; (in middle), I exact.

πρεσβευτής, 1. m., ambassador.

πρεσβεύω, πρεσβεύσω, ἐπρέσβευσα, I am an amvassador.

πρίν, before.

πρό (with genitive), before, in front of.

προδοσία, 1. f., treachery.

προδότης, 1. m., traitor.

πρός (with accusative), to, towards, against; (with genitive), towards; (with dative), in addition to.

προσβάλλω, προσβαλῶ, προσέβαλον (with dative), I attack.

προσβολή, 1. f., attack.

προσδέχομαι, προσδέξομαι, προσεδεξάμην, I receive, admit, await.

προσέχω, προσέξω, προσέσχον, I bring to; τὸν νοῦν προσέχω, I pay attention to.

προσήκει, it is fitting.

προστάτης, 1. m., champion.

πρόσωπον, 2. n., face.

πρότερον, formerly, before.

πρότερος, -α, -ον, former.

προὔχω, I excel.

πρῴ, early.

πρῶτον, first, at first.

πρῶτος, -η, -ον, first.

Πύλος, 2. m., Pylus.

πῶς; how?

ῥάβδος, 2. f., staff, stick.

ῥᾴδιος, -α, -ον, easy,

ῥᾳδίως, easily, lightly; ῥᾳδίως φέρω, I bear lightly.

ῥήτωρ (gen. ῥήτορος), 3. m., orator.

Σαλαμίς (gen. Σαλαμῖνος), 3. f., Salamis.

Σάρδεις (gen. Σαρδέων), 3. f. pl., Sardis.

σατράπης, 1. *m.*, satrap, governor.

σαφής, -ές, clear.

σημαίνω, σημανῶ, ἐσήμηνα, I signify, point out, make clear.

σιγῶ(άω), σιγήσομαι, ἐσίγησα, I am silent.

Σικελία, 1. *f.*, Sicily.

σῖτος, 2. *m.*, corn.

Σόλων (*gen.* Σόλωνος), 3. *m.*, Solon.

σοφία, 1. *f.*, wisdom.

Σπάρτη, 1. *f.*, Sparta.

Σπαρτιάτης, 1. *m.*, Spartan.

σπείρω, σπερῶ, ἔσπειρα, I sow, plant, cultivate.

σπονδαί, 1. *f. pl.*, truce, treaty.

στάδιον, 2. *n.*, stade, furlong.

στασιάζω, I engage in civil war, rebel.

στέλλω, στελῶ, ἔστειλα, I fit out, equip.

στενός, -ή, όν, narrow; τὰ στενά, the straits.

στρατεύω, στρατεύσω, ἐστράτευσα, I go on an expedition, take the field.

στρατιά, 1. *f.*, army, expedition.

στρατιώτης, 1. *m.*, soldier.

στρατηγός, 2. *m.*, general.

στρατηγῶ(έω), στρατηγήσω, ἐστρατήγησα, I am general, I am in command.

στρατόπεδον, 2. *n.*, camp.

στρατός, 2. *m.*, army.

σύ, thou.

συγκλήω, συγκλήσω, συνέκλησα, I shut, shut in.

συλλαμβάνω, συλλήψομαι, συνέλαβον, I arrest.

συλλέγω, συλλέξω, συνέλεξα, I collect.

συμβάλλομαι, I contribute.

συμμαχία, 1. *f.*, alliance.

σύμμαχος, 2. *m.*, ally.

συμπράττω, συμπράξω, συνέπραξα, I act with, help.

συμφορά, 1 *f.*, disaster.

σύμφορος, -ον, advantageous.

συνεχῶς, continuously.

συντίθεμαι, συνθήσομαι, συνεθέμην, I make an agreement, come to terms.

Συρακόσιοι, 2. m. pl., Syracusans.

συχνός, -ή, -όν, long, many, much.

Σφακτηρία, 1.f., Sphacteria.

σφόδρα, very much.

σῴζω, σώσω, ἔσωσα, I save; aor. pass. ἐσώθην, get off safely; (with ἐκ), get safely out of.

σωτηρία, 1. f., safety.

σώφρων, -ον, temperate, moderate.

ταλαιπωρῶ(έω), ταλαιπωρήσω, ἐταλαιπώρησα, I suffer hardship, suffer loss.

τάττω, τάξω, ἔταξα, I draw up, appoint, impose, assign, arrange.

τάχος (gen. τάχους), 3. n., speed; διὰ τάχους, quickly.

τε, both, and.

τειχίζω, τειχιῶ, ἐτείχισα, I fortify with walls.

τεῖχος (gen. τείχους), 3. n., wall.

τεκμήριον, 2. n., proof.

τελευτῶ(άω), τελευτήσω, ἐτελεύτησα, I end, die.

τέλος, at last.

τέμνω, τεμῶ, ἔτεμον, I cut, cut off, ravage.

τετρακόσιοι, -αι, -α, four hundred.

τέτταρες, -α, four.

τέχνη, 1. f., art.

τῇ μέν . . . τῇ δέ, on this side . . . on that side.

τήμερον, to-day.

τί; what? why?

τι, anything.

τίθημι, θήσω, ἔθηκα, I place.

τιμή, 1. f., honour.

τιμωροῦμαι(έομαι), τιμωρήσομαι, ἐτιμωρησάμην, I take vengeance on, punish.

τίς; τί; who? what?

τις, τι, a certain.

Τισσαφέρνης, 1. m., Tissaphernes.

τοιόσδε, τοιάδε, τοιόνδε, such; *n. pl.* τοιάδε, as follows.

τοσόσδε, τοσήδε, τοσόνδε, so great; εἰς τοσόνδε, to such an extent; τοσῷδε, by so much.

τότε, then, on that occasion; τότε μέν ... τότε δέ, at one moment ... at another.

τραγῳδία, 1. *f.*, tragedy.

τρεῖς, τρία, three.

τρέπω, τρέψω, ἔτρεψα, I turn; (*in middle*), devote myself to.

τριάκοντα, thirty.

τρίς, three times, thrice.

τρίτος, -η, -ον, third.

τρόπος, 2. *m.*, way, method.

τυγχάνω, τεύξομαι, ἔτυχον, I happen.

τυραννεύω, τυραννεύσω, ἐτυράννευσα, I reign as tyrant, become tyrant.

τύραννος, 2. *m.*, tyrant.

Τυρταῖος, 2. *m.*, Tyrtaeus.

ὑβρίζω, I insult.

ὕβρις (*gen.* ὕβρεως), 3. *f.*, insolence.

υἱός, 2. *m.*, son.

ὑπακούω, ὑπακούσομαι, ὑπήκουσα, I obey.

ὑπάρχω, I am forthcoming, exist.

ὑπείκω, I yield.

ὑπεκπέμπω, ὑπεκπέμψω, ὑπεξέπεμψα, I send away into safety.

ὑπεκχωρῶ(έω), ὑπεκχωρήσω, ὑπεξεχώρησα, I escape secretly; (*with genitive*), I withdraw from, back out of.

ὑπέρ (*with genitive*), on behalf of.

ὑπήκοος, 2. *m.*, subject.

ὑπισχνοῦμαι(έομαι), ὑποσχήσομαι, ὑπεσχόμην, I promise.

ὕπνος, 2. *m.*, sleep.

ὑπό (*with genitive*), under, by, to the sound of; (*with dative*), under.

ὑποψία, 1. *f.*, suspicion.

ὑστεραία, 1. *f.*, the next day.

ὕστερον, later on, afterwards.

ὕψιστος, -η, -ον, highest.

φαίνομαι, φανοῦμαι, ἐφάνην, I seem.

φανερός, -ά, -όν, clear, evident.

φάσκω, I say, profess.

φαῦλος, -η, -ον, mean, contemptible.

φέρω, I bear, bring, carry; φόρον φέρω, I pay tribute.

φεύγω, φεύξομαι, ἔφυγον, I fly; (with genitive), I am tried for.

φθάνω, φθήσομαι, ἔφθασα, I anticipated; ἔφθασα ἀφικόμενος, I arrived first.

φθόνος, 2. m., envy, jealousy.

φιλανθρώπως, in a kindly way.

φιλία, 1. f., friendship.

φίλος, -η, -ον, dear; (as noun), friend.

φιλῶ(έω), φιλήσω, ἐφίλησα, I love, am wont.

φόβος, 2. m., fear.

φοβοῦμαι, φοβήσομαι, ἐφοβήθην, I fear.

φονεύω, φονεύσω, ἐφόνευσα, I slay.

φόρος, 2. m., tribute.

φράττω, φράξω, ἔφραξα, I barricade, block up.

φροντίζω, φροντιῶ, ἐφρόντισα, I think, reflect.

Φρύνιχος, 2. m., Phrynichus.

φυλάττω, φυλάξω, ἐφύλαξα, I guard, maintain, observe, keep.

φύλαξ (gen. φύλακος), 3. m., guard.

φυλή, 1. f., tribe.

φυτεύω, φυτεύσω, ἐφύτευσα, I plant.

φύσις (gen. φύσεως), 3. f., nature.

χαλεπός, -ή, -όν, grievous, oppressive, cruel.

χαλεπῶς, hardly, harshly; χαλεπῶς φέρω, I am distressed at, annoyed at.

χειμών (gen. χειμῶνος), storm, winter.

Χερσόνησος, 2. f., the Chersonese.

χίλιοι, -αι, -α, a thousand.

Χίος, 2. *f.*, Chios.

χρέος (*gen.* χρέους), 3. *n.*, debt.

χρήματα, 3. *n. pl.*, money.

χρονίζω, I delay.

χρόνος, 2. *m.*, time.

χρυσός, 2. *m.*, gold.

χρυσοῦς, -ῆ, -οῦν, of gold, golden.

χωλός, -ή, -όν, lame.

χώρα, 1. *f.*, place.

χωρίον, 2. *n.*, place, spot, position.

χωρῶ(έω), χωρήσω, ἐχώρησα, I advance.

ψέγω, I blame, find fault with.

ψηφίζομαι, ψηφιοῦμαι, ἐψηφισάμην, I vote.

ὦ, oh !

ᾠδή, 1. *f.*, song.

ὠμότης (*gen.* ὠμότητος), 3. *f.*, cruelty.

ὡς, that, as; (*with participle*), as, on the grounds of.

ὥσπερ, as if, as.

ὥστε, so that.

ὠφελῶ(έω), ὠφελήσω, ὠφελησα, I help.

THE END